イチから知りたい日本の神さま 2

稲荷大神《いなりおおかみ》

お稲荷さんの起源と信仰のすべて

中村 陽◎監修

さあ、伏見稲荷大社へ詣ろう。

まずは、「大正広重」こと吉田初三郎の鳥瞰図をご覧いただこう。画面左下には泉涌寺《せんにゅうじ》と東福寺境内、右奥には醍醐山《だいごさん》、左奥には何と琵琶湖畔の石山寺《いしやまでら》をも配する力業。そして、朱《あけ》の鳥《とり》居《い》が参詣路を彩る聖蹟・稲荷山の全体像がドンと、あますところなく描写されている。

かつて画面下に見える国鉄の乗客は、通過するたびに大鳥居に向かって拝礼し、プラットホームに賽銭を落としていったという。それもさもありなんと思わせる社とお山の偉容である。じっくりとお目通しいただきたい。（「伏見稲荷全境内名所図絵」一九二五年版より、一部トリミング　京都府立総合資料館蔵）

目次

序

神鎮り座すお山

中村　陽
（伏見稲荷大社宮司）

◎山容誠に優しく、心和ませる風情

伏見稲荷大社の所在地は京都市伏見区深草藪《ふかくさやぶ》之《の》内町《うちちょう》と示されます。この長い地名のうち、最も古くから用いられている部分は「深草」であります。日本書紀の欽明《きんめい》天皇即位（六世紀中葉）前紀、秦大津父《はたのおおつち》探索の条に「……山《やま》背国《しろのくに》紀伊郡《きいのこおり》深草の里云々」と見えています。

下って、皇極《こうぎょく》二年（六四三）十一月、皇子山背大兄《やましろのおおえ》が蘇我氏に攻められた条に「深草の屯倉《みやけ》（大和朝廷の直轄領）」が記されています。ここから深草と呼ぶ地域は、その初見より百年あまりの後には、屯倉の経営を任される集団が存在するまでに発展していたことがうかがえます。

先年、深草区域内に存した元練兵場跡に建造物が建てられるに及び、かねて考古学会ではその存在が知られていた弥生時代の遺跡発掘が実施されました。その結果、鋤《すき》・鍬《くわ》などの木製農耕具が出土しました。現在ＮＴＴ社屋の玄関前に「深草弥生遺跡」の石標が置かれています。

ここにおいて深草地域は、弥生期より人々の活動盛んなることが見てとれます。ちなみに、この石標より稲荷山山頂へは地図面に見るかぎりでは二キロ程、その姿は東山連峰の南端に位置して山容誠に優しく、人をして心和ませる風情は今日も変ることがありません。

稲荷山に神様がお鎮りになる説話を風土記《ふどき》に見ることが出来ます。「山背国風土記」逸文の伊奈利社《いなりしゃ》条に「富裕であった秦伊侶巨《はたのいろこ》は餅を的にして矢を射ると、その的は白鳥となって飛び去り山の峰に降りた。その所を訪ね

ると子を産んでいた（古くはこの部分を「稲なり生《お》いき」と読んでいました）」。それにより社の名としたとあるのに続き「その子孫は先の過《あやま》ちを悔いて社の木を抜いて家に植え、蘇《い》きれば福を得、枯れれば福あらずと祈禱した……」とあります。この「社の名」が立てられたことをもって「伊奈利」神の御鎮座と崇《あが》め、やがてその時は「和銅《わどう》四年（七一一）二月初午《はつうま》の日」と伝承されて今日に至ります。

◎京中五社のひとつに連なる

延暦十三年（七九四）十月に「都」が長岡京から山背国葛野郡《かどののこおり》に遷り「平安京」が成立します。この大事が稲荷神をしてその御存在を広く世に知らしめる発端であったと申せましょう。遷都早々にあっては、新京内には寺院の建立は認可されなかったのでありますが、東寺と西寺の建立はいち早く計画され、弘仁《こうにん》十四年（八二三）に嵯峨《さが》天皇より造営中の東寺を時の傑僧空海に下賜《かし》されるや、その三年後の天長《てんちょう》三年（八二六）十一月に、東寺の「塔造営料の大木を東山から得たい」と奏請、即刻認可されたのでありましょう。翌天長四年（八二七）正月、朝廷より稲荷社へ内舎人《うどねり》大中臣雄良《おおなかとみたけなが》が遣わされました。要旨は「（淳和《じゅんな》）天皇様が病を得られたので占った処、東寺の造塔用材を稲荷山より伐り出した罪祟《たたり》と出ました。ついては『稲荷神』に従五位下《じゅごいげ》の神階を授け奉るにより、いかしき神の御力で速やかに治し癒して下されたい……」と宣命《せんみょう》が奏上されたのであります。（この宣命に初めて「稲荷」の文字を見ます。二文字に改められた要因は、唐風文化が盛んな当時の事とて、二字をもって目出度き字句＝好字に改める傾向に拠ってのことかもしれません）。以降、稲荷神は承和《じょうわ》十二年（八四五）名神《みょうじん》の列に加わり、つづいて祈雨止雨《きうしう》の神として京中五社のひとつに連なるなど、平安時代初期には既に、ここに稲荷神在《いま》すと御神威いよいよ輝くに至ります。このように赫《かっ》赫《かく》たる御神威のもと、二月初午にはこぞって稲荷山へ足を運ぶ慣わしが成立し盛行いたします。

この時代の歴史物語である「大鏡《おおかがみ》」第六巻に、元慶《がんぎょう》八年（八八四）二月のこととして「きさらぎの三日、はつむまといへど、甲午最吉日《こうごさいきちじつ》、つねよりも世こぞりて稲荷詣《もうで》にののしりしかば……」（この日の翌々日が光孝《こうこう》天皇受禅《じゅぜん》の日）とあります。また紀貫之は延喜《えんぎ》六年（九〇六）に「二月ばかりに」と題して「ひとりのみわれこえなくに稲荷山春のかすみのたちかくすらん」と詠んでいます。

平成二十年は「源氏物語千年紀」とて紫式部がもてはやされていました。それにひき替え、宮廷出仕において彼女のライバルであったといわれる清少納言はあまり表に出てきていません。それゆえ、ここではあえて――二月初午の日に稲荷の山中、中の社近くまで登った清少納言は、知り合い同士らしき婦人が「すでに三回巡りました。あと四回巡るのは容易《たやす》いこと」と、立話しもそこそこにさっさと行く姿を見ては「うらやましい」と『枕草子』に記している――この清少納言に、肩入れしたい感があります。今日より一千年以前、年中行事化していた初午詣とはいえ、宮廷内の人々の動きを克明に表現する機会や才能に恵まれた宮廷出仕の女房がお山をしたことに、拍手を送りたい気分であります。

◎神と自然と人との共生

初午詣は右に見た敬虔《けいけん》な信仰者がいる一方、大勢が一所に集まれば自ずと男女の出会いの場が成立するのは、今も昔も変らなかったようです。「今昔物語集」には、被りものの女性に対して我が連れ合いであることも知らずに口説きにかかり、大勢の参詣者の中で恥をかいた下級官人の失敗譚が記されています。清少納言がお山した前後の話であります。

稲荷山は弥生時代の農耕民をはぐくみ、水流薪炭など人力のみでは購えない大いなる恵みをそれぞれに分け与え、時代が進むに従い、その豊かな地域に豊富な知識能力をもった集団が跋扈《ばっこ》、時の政権の下支えをする勢力にまで拡張存続し、やがて神鎮り座《ま》すお山と崇め尊ぶ多くの人々が登拝する神域と賑わい、杉の古木老木が生茂り、昼なお暗き社叢《しゃそう》が構成されていました。

いなり山しるしのすぎのとしふりてみつのみやしろかんさびにけり（千載和歌集　僧都有慶）

昨今お山は右の歌のような神域でなくなりつつあります。空気の汚染、酸性雨等で自然環境は悪化の一途を辿っています。樹木を枯らす害虫が発生する情況の中で、神鎮り座すお山の樹木の保護育成に苦慮しているのが現状であります。しかし、私たちはこのお山を「神と自然と人との共生」の社叢として、子々孫々にまで守り伝えて行きたいと念願いたしております。

伏見稲荷大社の楼門前、鍵をくわえた神使の狐像。

【プロローグ】イナリの引力

文・写真＝本田不二雄

名勝や文化財のカテゴリーに収まることなく、
庶民信仰のメッカとして育まれた独特の景観。
先史にさかのぼる歴史を有しながら、
現在も日々更新され続ける生きた聖地――。

はじめてこの地を足を踏み入れた人は、
例外なく「お山」の圧倒的な存在感に
言葉を失うだろう。そして思うにちがいない。
この山はなぜ、
こんなに人々を惹きつけるのかと。

「朱」の迷宮へ

山内の奥社へと続く、世に知られた「千本鳥居」。

朱色の鳥居は稲荷社だけのものではないが、稲荷を代表する色調は「朱」をおいてほかにない。その、豊かな大地の象徴とも、生命力の象徴ともいうべき色に彩られた鳥居は、隙間なく立ち並ぶことでさらに強力な舞台装置と化している。

われわれは個々の祈りが込められた赤い隧道《トンネル》を通過するだけで、「朱」のエネルギーによって浄められ、日常からのリセットを果たし、異次元の空間へと誘われていくのだ。

お山の入り口に位置する鳥居群。立錐《りっすい》の余地なく立ち並ぶ鳥居が朱色の隧道《ずいどう》を形作る。

上空から見下ろす稲荷山と鳥居の参道。

神々のラッシュアワー

山中でとりわけ「お塚（神名を刻んだ石碑）」と奉納鳥居が密集する「御膳谷神蹟《ごぜんだにしんせき》」とその周辺。

下之社《しものやしろ》の神蹟の周囲に寄り添うように捧げられた奉納鳥居。

それぞれの祈り

神に祈る、神に願いを託す、神の助けを請《こ》う。そんな切実な願いを形あるものに残したい、あるいは結縁《けつえん》の〝しるし〟として刻んでおきたい……。こういった心情は、理屈を超えたやむにやまれぬ衝動だろう。かくして、稲荷神への篤《あつ》い尊崇《そんすう》の念はお山へとあふれ出した。しかしながら、おびただしく集積した「祈りの証《あかし》」は決して無秩序なものにはならず、意図されざる稲荷信仰の意匠《デザイン》として、独特の景観を形づくっていくのだ。

参道沿いや山中のあちこちに点在するお塚群。「○○大神」とさまざま固有の神名で祀られている。

山中、熊鷹社《くまたかしゃ》の拝殿。日中、献灯のロウソクが絶えることはない。

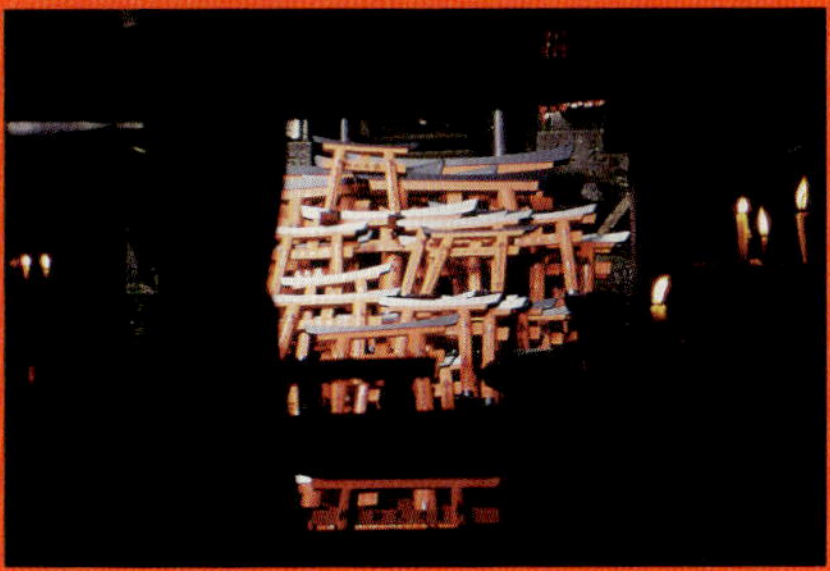

薬力社《やくりきしゃ》にて。病平癒《やまいへいゆ》を祈願するおびただしい朱鳥居。

御膳谷にて。

山中の大杉社にて。神木を覆う御簾《みす》にはさまざまな会社の名刺が挟まれている。

鳥居の先に……

千本鳥居の先に奥社奉拝所《おくしゃほうはいしょ》がある。別名奥社・奥の院とも呼ばれる。

御神体の山は、ふつう畏《か》しこき神霊の座《くら》であればあるほど人跡を遠ざけるものである。しかし稲荷山は平安時代の昔からそうではなかった。人々はこぞってこの山を詣《もう》で、杉の小枝から土塊《つちくれ》にいたるまで、神の御霊が宿るありがたい「しるし」として持ち帰った。それでもお山の霊威は衰えることなく、今日へといたっているという。

鳥居の先にあるのは、神霊と人々の祈りが響き合い、高めあい、積み重ねられていった希《け》有《う》の聖域なのである。

【第一章】

伏見稲荷大社と稲荷大神

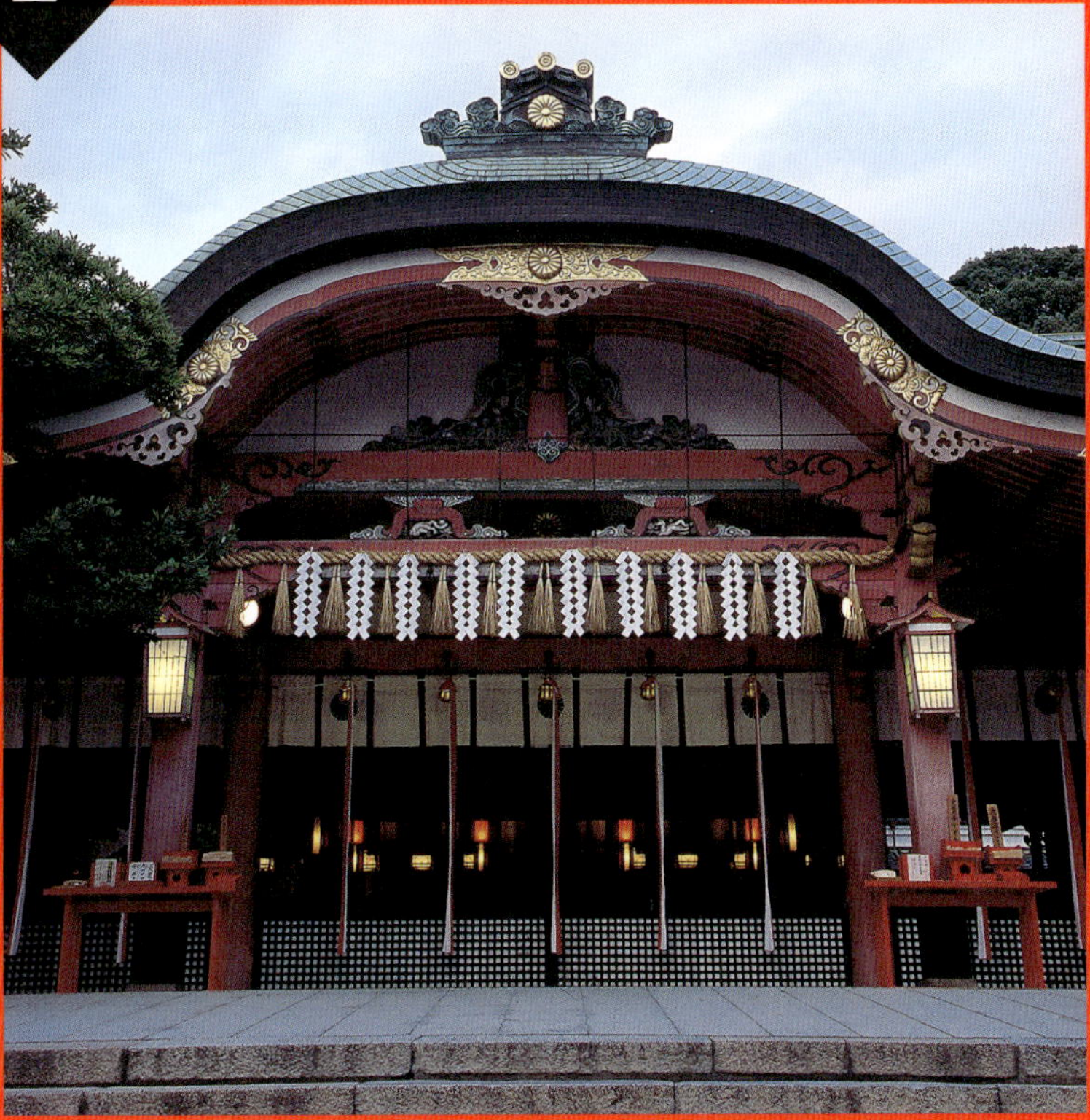

伏見稲荷大社向拝から本殿をのぞむ。

稲荷大神を知るキーワード

文＝稲田智宏

【伊奈利／稲荷《いなり》】

現在、イナリには稲荷の字をあてることが通例となっているが、「山城国《やましろのくに》風《ふ》土記《どき》」の逸文《いつぶん》等には伊奈利と表記されている。風土記逸文の伝承は「秦中家《はたのなかつえ》忌寸《いみき》等《ら》が遠《とお》つ祖《おや》、伊侶巨《いろこ》の秦公《はたのきみ》」が登場人物となっているように秦氏の伝承で、伊奈利とは「伊禰奈利生《いねなりお》ひき」つまり稲が成ったことに由来する。

対して、東寺や荷田《かだ》氏との関係を説いた『稲荷大明神流記《いなりだいみょうじんるき》』などでは稲荷と表記され、それはイナリ神が稲を荷っていたことに由来しているなど、諸説がある。

【朱の鳥居《あけのとりい》】

稲荷神社の境内には、トンネル状に並べられた複数基の朱の鳥居がある場合が多い。代表的な例は伏見稲荷大社の千本鳥居で、稲荷山（お山）には奉納された大小さまざまな鳥居がある。トリイとは「通り入る」の意ともいわれ、神の聖地、聖域を表す。朱色は魔除けを意味し、古代より生命力のある神聖な色ともされており、特に稲荷神の神徳である豊穣《ほうじょう》を象徴する色として稲荷神社の建造物に用いられる。

【お塚信仰】

個人が石に神名を刻んだ「お塚」を稲荷山中の神蹟《しんせき》周辺に奉納する信仰が、明治以降に盛んとなった。お塚の多くは末広大神や薬力大神など、個人が稲荷神に寄せる信仰に基く神名となっている。昭和の初期に約二五〇〇基だったお塚は次第に数を増し、現在は一万基を越えるという。朱の鳥居と同様、稲荷神に対する人々の強い信仰を表している。

【しるしの杉】

稲荷山の杉の小枝を折って身に付け、参詣《さんけい》した証《あかし》とすることが平安時代から盛んとなった。これを「験《しるし》の杉」という。二月の初午詣《はつうまもう》での際にとくに求められたため、「きさらぎやけふ初午のしるしとていなりの杉はもとつ葉もなし」などと詠まれ、多くの人が杉の小枝を持ち帰ったことが知られる。玉串《たまぐし》や神籬《ひもろぎ》と同様、神木の枝に神霊が宿っていると見なしたものと思われる。現在の伏見稲荷大社では、初午大祭のときに授与されている。

【秦氏と荷田氏《はたしとかだし》】

秦氏は始皇帝の末裔《まつえい》と伝承され、新羅《しらぎ》系の渡来人かとも考えられている。古代には大きな勢力を保ち、山城国の葛野《かどの》や深草《ふかくさ》に多く居住した。明治まで伏見稲荷大社の神主家は深草の秦氏で、大西、松本、森の三家とそれぞれの分家があった。

古く深草に土着の荷田氏が存した様子が見てとれるが、稲荷社の御殿預に上る荷田氏は、十五世紀中ごろより記録されている。荷田氏には東羽倉、西羽倉の両家とそれぞれの分家があり、江戸期の国学者として著名な荷田春満《かだのあずままろ》は東羽倉家出身である。

伏見稲荷大社楼門より、外拝殿をのぞむ。

Ⅰ 伏見稲荷大社境内をめぐる

全国津々浦々にあまねくご鎮座する「お稲荷さん」の総本宮、伏見稲荷大社。われわれにとってもっとも身近で、もっとも敬愛し、崇《あが》めてきた神さまの本籍地である。そのお社は、京都市の南、東山三十六峯の南端に稜線を描く稲荷山を背後に抱き、西面している。まずは朱色の大鳥居をくぐり、左右のご眷属《けんぞく》に見守られながら楼門《ろうもん》をくぐって、背後のお山の緑と鮮やかなコントラストを描く、稲荷大神の本殿を目指そう。

境内全域を知る

かつて、後背の稲荷山の頂上に上社、山の中ほどに中社、麓に下社が築かれていたが、応仁の乱で山上、山下すべての社殿堂塔が焼失、明応八年（一四九九）に現在の本殿が再興された。

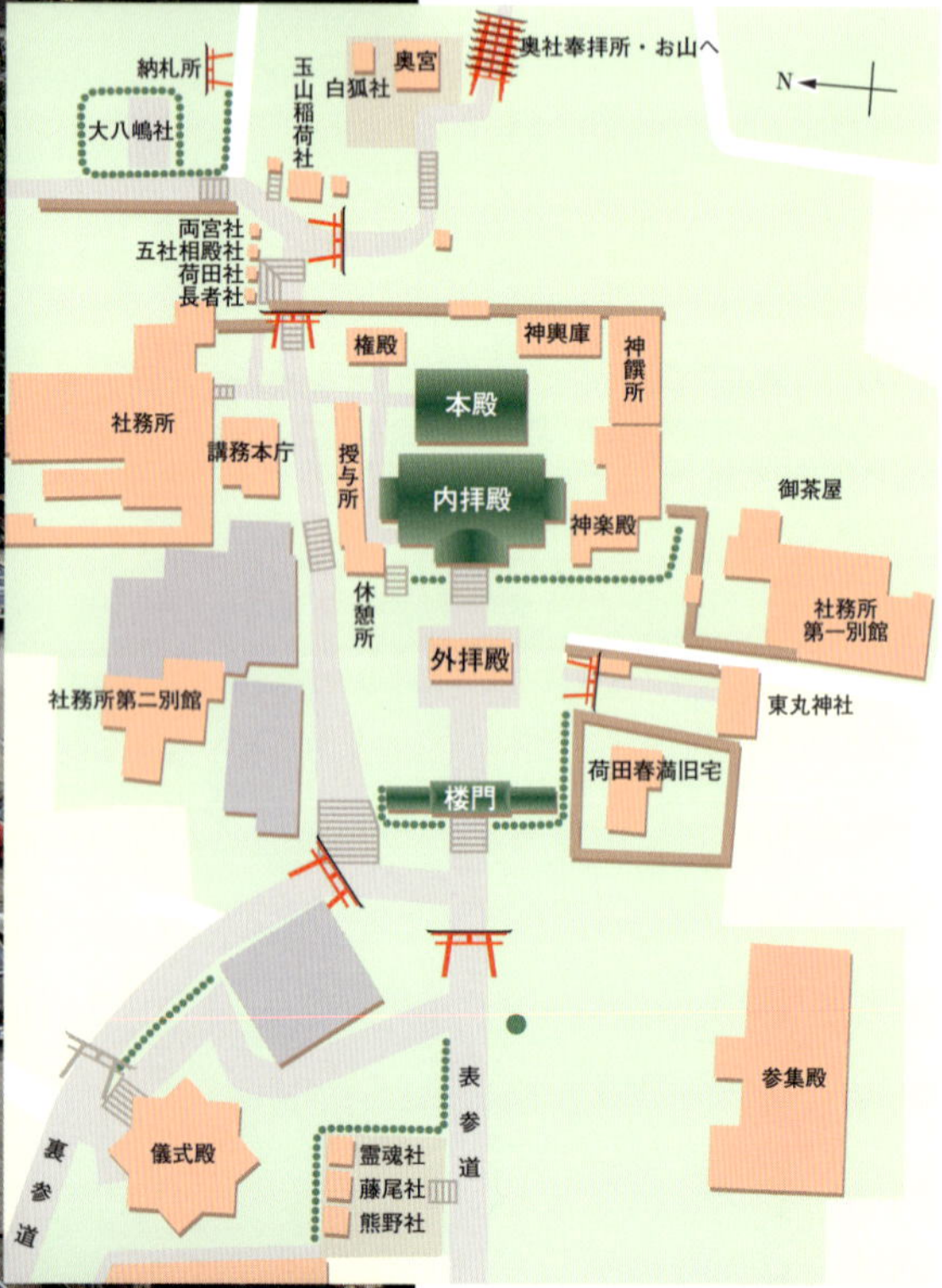

伏見稲荷大社の境内。大鳥居《おおとりい》、楼門《ろうもん》、本殿が連なる社殿と背後の森を隔てた奥に、三つの峰が西（手前）から東へ段々に高く連なる稲荷山がそびえる。（写真＝伏見稲荷大社）

本殿を詣でる①

大神の「みたま」がやどる場所

——楼門から境内をめぐり本殿へ

手水舎《てみずしゃ》で身を清め、楼門の前に立つと、玉と鍵《かぎ》を咥《くわ》えた凛々《りり》しい一対の神使《しんし》の狐がこちらを見下ろす。玉（宝珠《ほうじゅ》）は稲荷大神の御霊が秘める霊妙な神徳を、鍵は大神の宝蔵を開く秘鍵《ひけん》を象徴しているという。山内では、鍵の代わりに巻物を咥えたものも多いが、こちらは、いかなる祈願も叶うという稲荷の秘法をあらわすシンボルとされている。

それにしても、あかあかと輝く「朱」のなんとまぶしいことか。稲荷塗《いなりぬり》ともいわれる朱色が陽光を照り返し、楼門を通過する参拝者をも染めていく。温かく、力強いエネルギーを感じさせる色彩。この色彩こそ、稲荷大神の枯れることのない永遠の生命力、「あらたまの力」といったものをあらわしているのかもしれない。

〈要するに、稲荷の丹塗《にぬ》りは、生命大地生産の力を以て、稲荷大明神のみたまの働きだと信ずる色彩上の表現であります〉（『稲荷の信仰』）

外拝殿で一度立ち止まり、拝礼。右に回って、学問成就の神徳で知られる東丸《あずままろ》神社に立ち寄ってからふたたび本殿へと進むと、先ほどから聞こえていた涼やかな鈴と神楽《かぐら》の調べがはっきりと耳に入ってきた。内拝殿脇《ないはいでんわき》の神楽殿でたびたび奉納されている神楽舞《まい》によるものだった。

神楽女の手によるシャンという御鈴《みすず》に祓《はら》い清められながら、ひっきりなしに訪れる参拝者のひとりとなって、拝殿の鈴をガラガラと鳴らし、柏手を打ち、拝礼していく。

内拝殿を隔てた先にある本殿は、五社相殿《ごしゃあいどの》、つまり五柱の神々を横並びに祀る構造となっている。向かって左（北）から、田中大神《たなかのおおかみ》（田中社）、佐田彦大神《さたひこのおおかみ》（中社）、宇《う》迦之御魂大神《かのみたまのおおかみ》（下社）、大宮能売大神《おおみやのめのおおかみ》（上社）、四大神《しのおおかみ》。この五柱の神々を総称して、「稲荷大神」なのである。

（右）**楼門**

天正《てんしょう》 17 年（1589）、豊臣秀吉の造営で、神社楼門としては最大級の大きさを誇る。昭和 48 年に永世保存のために大がかりな解体修理をしたところ、古材から「天正十七年」の墨書が発見された。楼門の左右には、宮中でいう衛士《えじ》にあたる随身《ずいじん》像がすえられている。

（上２点）**外拝殿《げはいでん》**

正面、御簾《みす》越しに内拝殿《ないはいでん》の向拝《こうはい》をのぞむ。天保《てんぽう》 11 年（1840）に修復。

伏見稲荷大社本殿

↑正面より内拝殿《ないはいでん》奥の本殿をのぞむ。主祭神の宇《う》迦之御魂大神《かのみたまのおおかみ》を中央に、その左右に４柱の神々が相殿《あいどの》にて祀られている。今ある姿の本殿が竣工《しゅんこう》したのは明応《めいおう》８年（1499）。（写真＝伏見稲荷大社）

→本殿側面。檜皮葺《ひわだぶき》、「打越《うちこ》し流造《ながれづくり》」と呼ばれる構造で、屋根の前面が優美な長い曲線を描き、向《こう》拝《はい》（庇《ひさし》）をなしている。「稲荷造り」とも呼ばれ、国の重要文化財である。なお、江戸・元禄の時代に「向拝大唐破風《おおからはふ》」が加築され、昭和 36 年には新たに内拝殿を造営。大唐破風をその正面に移し、本殿は当初の姿に復元された。

（右下）権殿《ごんでん》とお山参詣路の入り口

権殿は社殿造営の際に神霊を遷《うつ》すための「仮の社殿」を指す名称だが、かつては若宮《わかみや》とも呼ばれていた。

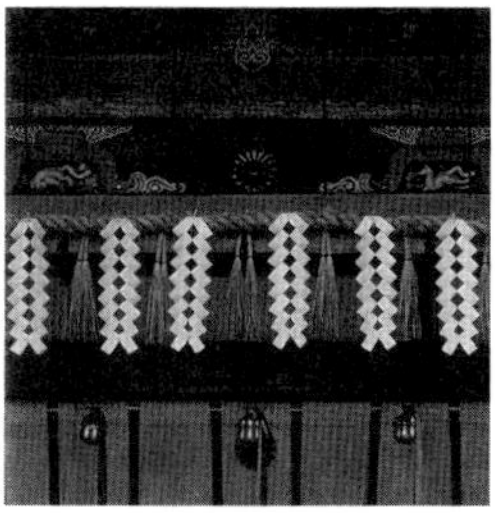

本殿を詣でる②

伏見稲荷大社のはじまり

――『風土記』が教えてくれること

来る平成二十三年（二〇一一）、稲荷大神が御鎮座になられてより一三〇〇年の節目を迎えるという。そのはじまりを伝える『山城国《やましろのくに》風土記《ふどき》』逸文《いつぶん》にはこう記されている。

〈イナリと称する（由縁《ゆえん》）は……秦氏の遠い祖先である伊呂具《いろぐ》の秦公《はたのきみ》は、稲や粟《あわ》などの穀物を積んでゆたかに富んでいた。それで餅《もち》を使って的とし（て矢を射）たので（餅は）白い鳥に化し、飛びかけって山の峰に居り、イネが生えて、ついに社の名とした〉

意訳すれば、餅に籠《こ》もった神の御霊が、白鳥となって稲荷山にいたり、イネが（稲成り）生えた。そこからイナリという社がはじまった――というわけである。これは、神社の起源はもとより、生命を育む稲の神の根源がどこにあったかを説く神話と読むこともできる。

別の文書には、もっとストレートに「この神は、和銅《わどう》年中、初めて、伊奈利《いなり》三ケ峰《みつがみね》の平処《へいしょ》に顕坐《けんざ》し」（「神祇官勘文」）たと記されている。神が顕坐したとは、神をそこで祀ったということでもある。ただし、古代では、神を祀ることと常在の社殿を構えることは、必ずしも同義ではなかった。

先の『風土記』はこう続けている。

〈子孫の代になり、先の過《あやま》ちを悔《く》いて、社の木を引き抜き家に植えてこれを祈り祭った。今その木を植えて生き付けば福が授かり、枯れれば福はないという〉

古くは社を「モリ」と訓《よ》んだという。神が宿り、神を祀る山＝モリの木を抜き、山麓の家に植えて祈ったという逸話は、今ある伏見稲荷大社の原像を伝えているのかもしれない。そう思わせるのも、ここでいう「福が授かる証《あかし》の木」こそ、古くから商売繁盛・家内安全の御符《ごふ》として当社で頒《わか》たれる「しるしの杉」の起源だったからである。

稲荷神はどこから来たか

――日本的であり国際的でもある原初の姿――

伏見稲荷大社を創建し、祭祀を担ったのは渡来系氏族の秦氏だが、その背景には、古墳時代にまでさかのぼる稲荷山への信仰があった。日本古来の信仰と渡来系氏族の信仰とが融合して生まれた「お稲荷さん」のルーツは、ナショナルであり、インターナショナルである。

文＝上田正昭

『山背国風土記』に記された伝承

全国の津々浦々におよんで稲荷の神がまつられている。それらのあまたの稲荷の総本社が、京都の伏見稲荷大社である。多くの人々が俗に「伏見のお稲荷さん」と親しんできた伏見稲荷大社の創建を物語る有名な古文献は、『山背《やましろの》（城）国風土記《くにふどき》』[*1]逸文である。そこには次のように述べられている。

「伊奈利《いなり》と称《い》ふは、秦中家忌寸《はたのなかつえのいみきら》等が遠《とお》つ祖《おや》、伊侶具秦公《いろぐはたのきみ》、稲梁《いね》を積みて富み裕《さきわ》ひき。乃《すなわ》ち、餅を用《も》ちて的《いくわ》と為《な》ししかば、白き鳥と化成《な》りて飛び翔《かけ》りて山の峯《みね》に居《お》り、伊禰奈利生《いねなりお》ひき。遂に社《やしろ》の名と為しき。其の苗裔《すえ》に至り、先の過《あやまち》を悔いて、社の木を抜《ねこ》じて、家に殖

*1　平安京遷都以前の山城国（現在の京都府南部）の地誌。原本は伝わっておらず、『釈日本紀』や『神名帳頭註』などに引用されている逸文から、内容の一部がうかがわれる。

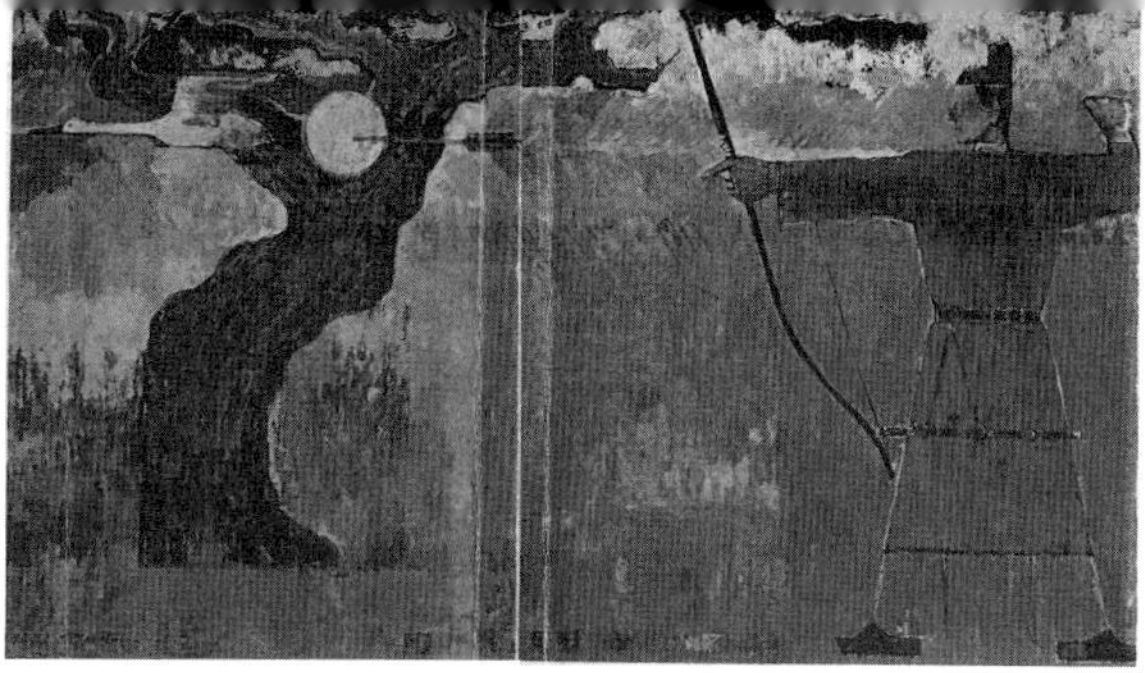

「奢れる伊呂具」（中津瀬忠彦画、伏見稲荷大社蔵）

＊2　室町時代の神道家。朝廷や幕府と密接な関係を結び、神位・神職を授ける権限を得て、神道界に大きな影響力をもった。『神名帳頭註』は著書のひとつで、唯一神道の入門書でもある。1435〜1511年。

ゐて禱《の》み祭りき。今、其の木を殖ゑて蘇《い》きば福《さいわい》を得、其の木を殖ゑて枯《か》れば福あらず」

この文に記す「伊侶具秦公」は、「伊侶巨《こ》秦公」であった可能性が高い。吉田（卜部《うらべ》）兼倶《かねとも》＊2の覚書のある『神名帳頭註《じんみょうちょうとうちゅう》』逸文では「伊侶臣」と書き、秦（大西）親業《ちかなり》の『稲荷社事実考証記』に引用する「社司伝来記」では、朱書して「名字鱗に作る」とする。原典に「伊侶巨」とあったのが、「伊侶臣」と誤写されたと考えられる。「いろこ」は「うろこ（鱗）」に通じ、その子孫に鮒主《ふなぬし》など、魚を名とする者がいるのも参考になる。

「伊侶巨秦公」と書くのは、同じ『山背国風土記』逸文が鳥部里《とりべのさと》の条に「秦公伊侶巨」と記すとおり、通常は秦（氏《うじ》）プラス公（姓《かばね》）プラス名の表記であった。

稲荷の語源はイネ（稲）ナリ（生）

さて、この逸文のいうところを要約すると、

⑴秦公伊侶巨が稲粱を積んで富み栄え、餅を弓の的にしたところ、白鳥となって飛び去り、山の峯にとどまって、稲が生えた。そこで伊禰奈利（稲生）を社の名とした。

⑵その子孫の代になって、先のあやまちを悔い、社の木を根ごと抜いて家に植え、禱《いの》りまつった。今、その木を植えて、繁れば福を得ることができ、枯れれば福を得ることができない、ということになる。

⑴はイナリの山の峯とイナリ社の社名の由来を物語り、餅が白鳥になる伝えは、前掲の鳥部里の条に「的の餅、鳥となりて飛び去《ゆ》き居《お》りき、その所を鳥部と云《い》ふ」の記事や、『豊後国《ぶんごのくに》風土記』の速見郡田野の条の「餅をもちて的となしき、時に、餅白き鳥になりて、発《た》ちて南に飛びき」の記載などにもみえている。この餅と白鳥との伝承には、穀霊信仰が反映されており、餅と白鳥がそれぞれ穀霊とつながることを示す貴重な伝えである。

⑵はその後日譚で、社の木を抜いて家に植えて禱りまつったとするのは、神霊の依《よ》り坐《ま》す樹木を神籬《ひもろぎ》（神体木）とする信仰が反映されており、伏見稲荷大社の後の代の「験《しるし》の杉」の信仰にもつながる要素である。

「イナリ」の語源については諸説があるが、『山背国風土記』逸文が「伊禰奈利生ひき」と記すように、イネ（稲）ナリ（生）とみなすのが妥当であり、「イナリ」の表記も、「稲荷」より「伊奈利」と書く方が古い。それは天平十年（七三八）の『駿河国正税帳《するがのくにしょうぜいちょう》』に「伊奈利臣」あるいは『年中行事秘抄』・『二十二社註式』・『公事根源《くじ》』などに「伊奈利山」と記すのにもうかがわれる。

お山への信仰が社の創建につながる

伏見稲荷大社が、いつ創建されたのか。『山背国風土記』逸文はその時期を明記していないが、天暦《てんりゃく》三年（九四九）五月二十三日の『神祇官勘文《じんぎかんかんぶん》』などは「和銅《わどう》年中」とし、『二十二社註式』や『社司伝来記』などは和銅四年（七一一）とする。

そして社が鎮座する伏見の深草には、『日本書紀』の欽明《きんめい》天皇即位前紀が物語るように、遅くとも六世紀のなかばのころまでには、伊勢などとも馬による交易をして、「饒富《にぎわい》を致《いた》」した秦大津父《はたのおおつち》のような有力氏族が居住していた。また『日本書紀』の皇極《こうぎょく》天皇二年（六四三）の十一月の条に述べるとおり、蘇我入鹿《そがのいるか》らの斑鳩宮《いかるがのみや》襲撃を逃れえて生駒山《いこまやま》に脱出した厩戸皇子《うまやとのみこ》（聖徳太子）の皇子山背大兄《やましろのおおえ》に、三輪君文屋《みわのきみふみや》が、伏見深草の屯倉《みやけ》に入って再起すべしと進言したのも、聖徳太子と伏見深草の秦氏とが深いつながりをもっていたからである。

その秦氏が伏見稲荷の社を創建し、その後裔は長く伏見稲荷社の社家として奉仕した。もっともその前提には、三つの峯のお山（神体山）の信仰があった。古典にいう神奈備《かんなび》*3の信仰がそれである。最近では、稲荷山（三つの峯）から出土した古墳時代の遺物を祭祀遺跡にともなう

＊3　古代において神霊の鎮まる山や森などの場所。「かんなび」の名称をもつ山は大和や出雲をはじめ各地にある。

伏見稲荷大社の参詣者に大人気の「験の杉」。玄関や床の間に飾ると家が栄えるとされている。

ものとする新たな見解が提出されているが、注目すべき考え方である。

秦氏の祭祀とお山への信仰が融合

秦氏の「秦」が「ハタ」の借字《しゃくじ》であることは、『古語拾遺』が「波陀」と読み、『新撰姓氏《しょうじ》録《ろく》』が「波多」と記しているのをみてもわかる。それなら「ハタ」の原義はどうであったか。「ハタ」を機織のハタに由来するとみなす説や、梵語のパタ（絹布）説、あるいは朝鮮語のパタ（海）説、「多」「大」の意味とする説、さらには古代朝鮮の古地名である波旦説など、さまざまな見解がある。

これらの諸説のなかで、もっとも説得力があるのは新羅《しらぎ》の地名、波旦説である。新井白石は、「波陀は韓国の語なり」とする卓見を『東雅《とうが》』で述べているが、『三国史記』（地理志）には新羅の古地名として「波旦県」がみえているばかりでなく、一九八八年四月に韓国慶尚北道蔚珍郡竹辺面鳳坪里で検出された甲辰年《こうしん》（五二四）の新羅古碑にも、明確に「波旦」と記されていた。早速、同年の七月に現地におもむいてこれらを確認したが、かつて鮎貝房之進氏が『雑《ざっ》攷《こう》』で指摘された古地名波旦説が有力となった。

在地の人びとの稲荷山（神体山）信仰に、新羅系渡来氏族である秦氏の祭祀が重層して、伏見稲荷の社が具体化したのである。ナショナルであって、しかもインターナショナルな稲荷信仰の原初の姿をそこにみいだす。

農耕の神から殖産、商売、屋敷神へ

祭神としては『延喜式《えんぎしき》』*4に三座・名神《みょうじん》大社の神とするように、宇《う》迦之御魂大神《かのみたまのおおかみ》（下社・中央座）、佐田彦大神《さたひこのおおかみ》（中社・北座）、大宮《おおみや》能売大神《のめのおおかみ》（上社・南座）を奉斎《ほうさい》し、『枕草子』や『蜻蛉日記《かげろう》』など

＊4　平安中期に編纂された格式（律令の施行細則）。巻九・十に神名帳《じんみょうちょう》（神社のリスト）があり、ここに記された2861の神社は、式内社といわれている。

参詣者は願いをこめて朱の鳥居を奉納する。

上田正昭（うえだ・まさあき）　歴史学者。京都大学・大阪女子大学・中国西北大学名誉教授。神話学・民俗学なども視野に入れて、東アジアにおける日本古代史を論じた著書が多くある。

には「三社詣で」「三社明神」と述べられている。この三神に田中大神（田中社・最北座）、四大神（四大神・最南座）が併祀される。『梁塵秘抄《りょうじんひしょう》』に「稲荷をば三つの社《やしろ》と聞《き》しかど今は五つの社なりけり」と詠まれているのが、その推移を投影する。

稲荷大神は五穀をはじめとする農耕の神とあがめられてきたが、やがて殖産の神、商売繁昌の神あるいは屋敷神として祭祀されるようになる。その民衆とのつながりは、平安時代にはすでに存在していた福徳を得るために毎年稲荷山に登る、お山の信仰にもみいだされる。そしてそれは中世の下・中・上ノ塚などのお山の、神の降臨をあおいでまつるところとして具体化し、信仰者が「何某大神」などの神名を石に刻んでまつる「お塚」の信仰へと発展した。

鳥居の朱は聖なる呪物

お稲荷さんの信仰で注目されるのは朱の鳥居と神使（眷属《けんぞく》）である。朱が古くから腐蝕を防ぐ聖なる呪物《じゅぶつ》と考えられていたことは、たとえば奈良県天理市の黒塚古墳あるいは天神山古墳の石室内に大量の朱が埋納されていたのをみてもわかる。

そして「神社料用」として赤土が用いられていたことは、天平十年（七三八）の『周防国《すおうのくに》正税帳』に確かめられる。平成十一年（一九九九）の九月一日から始まった出雲大社境内の発掘調査で姿を現した杉の巨柱痕（磐根之御柱《いわねのみはしら》・宇豆《うづ》柱・東南側柱）のすべてに赤色顔料が付着していたというのも興味深い。『古事記』の歌謡や『出雲国《いずものくに》風土記』、はたまた『出雲国造神賀《かんよ》詞《ごと》』などに「八百丹杵築《やおにきづき》」「八百丹杵築宮」と表記されたのも偶然とはいえない。

神使の例は春日大社の鹿、熊野三山の烏、日吉大社の猿など、ほかの古社にも例がある。お稲荷さんは狐で、やがて宮廷女官の命婦《みょうぶ》という名がつけられ、白狐が神使とみなされるようになった。白狐社と称する別殿がいとなまれ、古くから命婦社とも称されてきた。狐を山から田の神への神使とする民間信仰があったこともみのがせない。

稲荷山山頂、一の峯上之社神蹟。

II 稲荷山参詣案内

稲荷山を登拝することを、「お山する」という。

そこには、神が宿るという山の頂《いただき》があり、木々や巨岩や滝などの自然物に顕現《けんげん》するという神霊のご神徳《しんとく》をいただく祈りの場があり、さらに祈願と成就の証《あかし》として奉納されたおびただしい数のお塚《つか》や朱《あけ》の鳥居《とりい》などがある。

これらさまざまなものを通じて、一山全域を覆う祈りの空間に身を委《ゆだ》ねる「お山」体験は、ほかの場では決して味わえない特別な記憶として、深く心に刻まれるだろう。

稲荷山の全体像

「お山」の三ヶ峰と七神蹟

――変化に富んだ霊蹟が点在する「お山」の魅力

標高二三三メートル。古都・京都の東に連なる、いわゆる東山三十六峰の南端に位置する山である。名だたる高峰と比べれば平凡な低山ともいえるこの山が、なぜ「お山」と呼ばれて崇《あが》められるのか。理由は、稲荷山が典型的なカンナビ（神奈備）の山だからである。

山は高く神々しいから神聖視されたのではない。「神留《かむづま》る場所」であるカンナビの山は、一般に里の近くに聳《そび》える山容の美しい比較的小さな山であることが多い。そこは人間が生きていくために欠かせない水や山の幸、木材の供給源であり、里人の命や文化を支える場だった。だからこそ、人々はそこに神の奇《く》しきはたらきを見出したのである。

稲荷山の場合、まず西から東へ段々に高く連なる三ヶ峰（一の峯、二の峯、三の峯）の頂が、神の座とみなされた。〈当山の絶頂に三峰あり、麓《ふもと》より十町《じっちょう》余りあり、各々相次いで高し、上社・中社・下社三所の神座の旧跡なり〉（『稲荷谷響記』）

ついで、それらに連なる峰々（間《あい》の峯、荒神峯《こうじんみね》）や三ヶ峰を遥拝《ようはい》する場所（奥社奉拝所《おくしゃほうはいしょ》、御膳谷《ごぜんだに》奉拝所）、神が宿ると観念された磐座《いわくら》（剣石《つるぎいし》／長者社《ちょうじゃしゃ》）やご神木（傘杉社《かさすぎしゃ》、大杉社《おおすぎしゃ》）、穢《けが》れを祓《はら》い清める滝（薬力《やくりき》の滝、晴明《せいめい》の滝、清《きよ》滝《たき》など）が神祀《かみまつ》りの場となった。うち、古い歴史を有する七か所（御膳谷、長者社、一、二、三の峯、間の峯、荒神峯）は、近代になって七神蹟に定められ、別格とされている。

稲荷山はやがて都人たちのあこがれの聖地となり、如月《きさらぎ》（二月）の初午《はつうま》を中心としたお山詣《もう》でが盛行を極めた。それがそのまま廃《すた》れることなく、今日にいたっているのである。

正規のルートをめぐって、全長約四キロ。ふつうに巡拝するだけなら、二時間あれば足りる登拝行である。

伏見稲荷大社境内全図。（松田元氏・作／伏見稲荷大社 提供）

清明社
清明の滝
清滝
傘杉社
薬力社
薬力の滝
おせき社
剣石
長者社
一の峰
上社
二の峰
中社
御膳谷奉拝所
みけ石
大杉社
荒神峰
田中社
眼力社
御幸奉拝所
四つ辻
間の峰
荷田社
三の峰
下社
根上り松
(膝松)
熊鷹社
こだま池
奥社奉拝所
おもかる石
三つ辻
神田
十石橋
八島池
大八嶋社
白狐社
奥宮
玉山稲荷
神苑
両宮社
五社
荷田社
長者社
神馬舎
千本鳥居
お産場
権殿
神輿庫
御茶屋
本殿
杉の下屋
社務所
講務本庁
神楽殿
楼門
荷田春満旧邸
神幸道
参集殿
祓川
手水舎
霊魂社
藤尾社
熊野社
伏見稲荷大社
儀式殿
表参道
伏見稲荷大社
昭和五十四年夏
杉田充
謹写

稲荷山をめぐる①

通過儀礼としての千本鳥居

——玉山稲荷社と奥宮、そして奥社奉拝所へ

さて、本殿北脇のなだらかな階段を上ると、左手に末社群が並び建ち、正面に玉山稲荷社《たまやまいなりしゃ》が鎮座している。同社はかつて宮中に勧請《かんじょう》されていた稲荷社で、明治になってこの地に遷座されたものという。さらにその右手には、最近装いを新たにした奥宮《おくみや》と白狐社《びゃっこ》があらわれる。

本殿を小さくしたような流造《ながれづくり》の奥宮（上御殿《かみごてん》）は、かつて山上にあった社殿を遷したものといわれ、本殿とならぶ格式を誇る社である。社伝によれば、本殿は御所の紫宸殿《ししんでん》に、奥宮は同じく清涼殿《せいりょうでん》に見立てられているのだという。

いよいよ朱の鳥居の立ち並ぶ「お山」の参道である。しばらく進むと、写真などで誰もが一度は目にしている「あの光景」が目に飛び込んでくる。名勝の千本鳥居である。

二メートルあまりの高さの鳥居が、二筋に分かれ、まさに隙間なく立ち並んでいる。どれも真新しい朱塗《しゅぬ》りで、奉納年を見るとここ数年のものばかりである。稲荷信仰のパワーに驚かされるが、より興味深いのは、千本鳥居が巧まずしてお山巡りの重要な通過儀礼となっている点である。

山岳霊場は一般に蘇り（黄泉《よみ》返り）の道場とされているが、赤い襞《ひだ》を思わせる朱のトンネルは、母胎回帰の胎内くぐりをしているような、不思議な感慨を覚えさせるのだ。

そして命婦谷《みょうぶだに》と呼ばれている場にいたり、奥の院とも称される奥社にたどり着く。この社殿の背後に稲荷山三ケ峰が位置することから、お山の奉拝所とされている。ちなみに、当社神使《しんし》（眷属《けんぞく》）に命婦という宮廷官女の称号がつけられたのは、一条院の御代《みよ》、稲荷社に参籠《さんろう》し、狐神の加護によって立身出世を果たした女官が、みずからの呼称を狐神に譲ったことにはじまるという。今日も奥社は願望成就の祈願所として、白狐の絵馬が鈴なりに奉納されている。

（上）**千本鳥居**

山内に奉納されている鳥居の数は大小数万におよぶといわれ、今も増え続けている。崇敬者《すうけいしゃ》が祈願と報謝の思いを鳥居の奉納であらわすという稲荷独特の信仰は、すでに江戸時代にはあったという。

（下）**奥社奉拝所《おくしゃほうはいしょ》**

拝所の奥に稲荷大神の依り代となる霊石が祀られている。なお、右手奥の「おもかる石」（左）は、願掛けをして石灯籠《いしどうろう》の宝珠石を持ち上げ、思ったより軽ければ願いが叶い、重ければ叶わないと伝えられている。

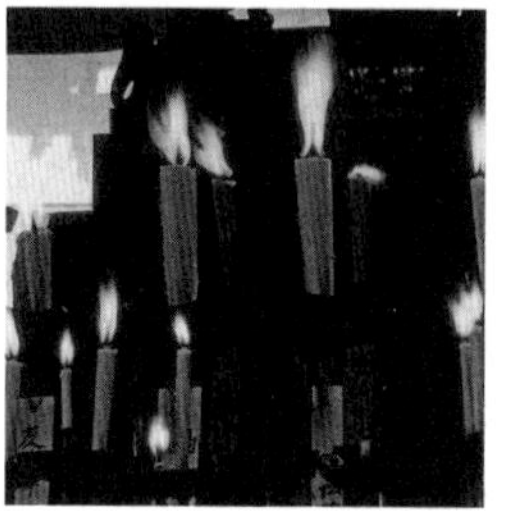

稲荷山をめぐる②

民間信仰の篤いエネルギー

──「膝松さん」、熊鷹社を経て四つ辻へ

奥社奉拝所まではひと区切り。そこから先は本格的に「お山する」人向けとなる。さっそく石段の上りになるが、やがて参道左に、知らなければ通り過ぎてしまう小祠《しょうし》が現れる。「奇妙大明神」の名があり、根っこが二本、奇妙に浮き上がった松の木が祀られ、その形状から膝松《ひざまつ》さんとも根上がりの松とも呼ばれており、「ねあがり」の音から投資家たちの崇敬《すうけい》を集めているともいう。その下をくぐると神経痛や肩こりに効果があるともいわれていたが、現在は危険なためか侵入不可となっている。

膝松さんから参道を挟んだ向かいには石段が延び、南谷へと続いている。その先には弘法の滝をはじめとする滝行場がある。弘法とはいうまでもなく弘法大師空海のことで、神仏分離以前には、先の玉山稲荷社のあたりに空海を祀《まつ》る大師堂もあったようだ。今は痕跡《こんせき》すら残っていないが、ここはかつて神仏習合の霊場だったのである。

もとの参道に戻り、さらに奥に進むと、夥《おびただ》しい数の石碑や石祠《せきし》にミニ鳥居が寄り添う一帯に出る。これらは「お塚」と呼ばれ、明治以後、七神蹟が定められたところに私的に設置されていったものという。石碑には「福繁大神」「白玉大神」といった見慣れぬ神名が記されているが、これらは稲荷大神のご神徳を讃えた尊称とされ、それぞれ奉《ほう》祀者《ししゃ》個人や講の守護神をあらわしている。

そんな民間信仰のエネルギーは、つづく谺《こだま》ケ《が》池《いけ》の畔《ほとり》にある熊鷹社《くまたかしゃ》にも汪溢《おういつ》している。もともとは稲荷山三ヶ峰を遙拝する場だったというが、一方で、尋ね人のある人が池の畔で柏手を打つと、反響する方角に必ず手がかりが得られるといった俗信も伝えられていて、なかなかに興味深い。

(左) **根上がりの松**

ご神木はすでに枯れていて、コンクリートで補強されてどうにか形をとどめているにすぎないが、俗信はいまだ生きている。

(上) **熊鷹社《くまたかしゃ》**

新池(通称谺《こだま》ケ《が》池《いけ》)の畔《ほとり》、鳥居や神具を扱う店の向かいにあり、とくに水商売関係の信者が多いともいう。覆《おおい》屋《や》と拝所が一体となっており、祀られる形態はその他多くの「お塚」と同じである。

(下) **四つ辻にいたる参道の茶店**

山中に十数軒を数える茶店。主要なお塚の近くにあり、お塚を守り、供物《くもつ》や飲食を用意して参詣者を迎える。

視点1

「お山体験」がもたらすもの

文＝中村雅彦

●奥行きのある体験が開ける場

稲荷山は、場所によってまったく違う顔を見せてくれるところだ。私はこれまで稲荷信仰をもつものとして幾度となくお山をしたことがあるが、行くたびに新たな感覚を発見できる不思議な山だと実感している。

伏見稲荷大社に参拝する醍醐味は、本殿を参拝するだけでは味わえない。たっぷりと時間をかけて稲荷山に無数にあるお塚とご神蹟《しんせき》を巡っていく。そこから奥行きのある諸体験が開けていく。

私が伏見稲荷に詣《もう》でるときには、まず本殿で参拝を済ませたのち、千本鳥居を抜けて奥社へ出て、そこからさらに山に向かって階段を上り詰めていく。

三つ辻を経由して四つ辻へ出る。ここから時計回りに大杉社《おおすぎ》、眼力社《がんりき》へ向かい、一路長者社を目指す。長者社《ちょうじゃしゃ》の裏には雷《かみなり》石《いし》という巨石に注連縄《しめなわ》が巻かれたご神体がある。いわゆる霊石稲荷である。

雷石は雷公《らいこう》（雷神）を封じた場所であるとの伝説がある。稲荷大神は仁寿《にんじゅ》二年（852）には祈雨《きう》の神として、貞観《じょうがん》元年（859）には止雨《しう》の神として、朝廷より奉幣《ほうへい》されている。

稲荷祝詞《いなりのりと》、稲荷秘文《ひぶん》、稲荷心経《しんぎょう》を繰り返し唱えながら急坂をどんどん登っていく。やがて急に視界が開けて稲荷山山頂の上之社、一の峯に到着するのである。

●深い心の平安へ――

上之社の向かいの土産物屋で稲荷神に捧げる供物《くもつ》を購入する。土産物屋の主人が火打ち石を打って差し出してくれる。これを祭壇に供え、和蝋燭《わろうそく》に灯をともして再び稲荷祝詞、稲荷秘文、稲荷心経を唱えながら瞑想状態へ自己誘導していく。すると全身に気が駆けめぐりはじめ、自発動も発生することもある。すこぶる快適、すこぶる爽快な身体の感覚を味わうことのできる場所である。

ときには合わせている手から炎が立ち上り、やがて全身が炎に包まれているような感覚に襲われることもあった。こみ上げる感情、いわゆる至高体験（ピーク体験）をしたこともあった。他方で、自分のすべてを〈大いなるもの〉に委《ゆだ》ね、自分のすべてが受容されているかのような深い心の平安*1を感じることもあった。

ここへやって来て、いやな思いをしたことは未だ一度もない。心身がリフレッシュされ、深い癒しを体験した。続いて中之社（二の峯）、荷田社《かだしゃ》（間《あい》の峯）でも供物を整え、祈りを捧げ、下之社（三の峯）に到着。最後の祈りを捧げる。こうして再び四つ辻に戻り、茶店で休憩後

稲荷山の参道にて。

下山する。約3時間程度のコースである。

お山をする人々の中には、観光客に混じって巡礼目的のグループも見受けられる。ご神蹟の前で手を合わせ、祝詞とお経を上げている一群を見ればすぐわかる。なかには、長年の修行によって到達した神仏意識との確かな交感能力を発揮する巫覡《ふげき》*2もいた。

そう、今でも稲荷山は民俗宗教の実践者にとっては聖地であり、カミとの交信が発生する場所なのだ。

（立命館大学大学院講師）

＊1　これを心理学ではプラトー体験というが、自己意識が拡張していくような体験が再三得られるのがお山体験の面白さである。

＊2　巫覡とは「神おろし」をして神の言葉を伝える人をいい、信者を伴って一心不乱に祈りを捧げたり、呪文を唱えながらトランス状態に移行し、信者たちにご神託を告げたりしている。

稲荷山をめぐる③

無数のお塚が織りなす神蹟

——四つ辻から大杉社、眼力社、御膳谷奉拝所へ

熊鷹社《くまたかしゃ》から三つ辻を右折。「何某《なにがし》大神」の名を冠したお塚（社祠《しゃし》）が点在している参道を進むと、「三徳大神」のあたりから急坂がつづき、四つ辻にいたってひと息つく。

ここは文字通り四方からの道が合流する地点で、岩盤の上から京都市中が見下ろせる眺望スポットでもある。ここから先は周回路となるのだが、古来、御膳谷奉拝所《ごぜんだにほうはいしょ》を経由する右回りが正式とされており、それに従いたい。

やがて大杉社、次いで眼力社があらわれる。ほかの「何某大神」と同様、由緒などは不明である。ただしこの二社のように付属する茶店がある場合は、そこで話をうかがう手はある。ちなみに眼力社の場合、「眼の病が良くなる」「先見の明・眼力が授かる」御利益があり、企業経営者や相場関係の崇敬者が多いという。

もとより、熱心に「お山する」崇敬者は、それぞれ目指すべきお塚をもっている。一例をあげれば、その縁を取り持つのは「お代《だい》さん」と呼ばれる民間の稲荷行者らで、「あんたの守護神は稲荷山の○○大神や」などと相談者に告げ、お山へと導くのだという。このほかさまざまな縁に導かれてそのお塚に行き着いた信者は、いつもの茶屋でロウソクや供物を求め、祝詞《のりと》や般若心経《はんにゃしんぎょう》をあげて、お塚の前で熱心に祈願をこらしていくのである。

こうした「お塚」をめぐる光景には次第に慣れてくるが、御膳谷奉拝所にいたると、改めてその数に圧倒される。

御膳谷は稲荷山三ヶ峰の渓谷が集まる要《かなめ》の地で、古くから三ヶ峰の神々に神饌《しんせん》を供える祭場だったといわれる。かつて稲荷山三ヶ峰の各神蹟とは別に鎮座していたという上、中、下社の稲荷社のうち、中社の神域であったとする説もあるが、それもうなずける格別の雰囲気である。

（上）**御膳谷奉拝所**

奥にある神蹟は、「奥村大神」の名で祀られている。古くはここに御饗殿《みあえどの》と御竈殿《みかまどの》があったとされ、現在も、朝夕２回の日供《にっく》が行われる御膳谷祈禱殿《きとうでん》ほか、毎年１月５日に行われる大山祭（138 ページ）の主要祭儀が行われる御饌石《みけいし》がある。

眼力社（左）と**大杉社**（右下）

左は眼力社前の手水舎。眼力社に関しては、ウェブサイト「京都伏見の眼力さん」に信仰体験談などさまざまな情報が載せられている。また、大杉社は、病気平癒《へいゆ》のご神徳のほか、建材業者などの信仰を集めているという。

稲荷山をめぐる④

巨岩、大木、滝の霊蹟

——薬力社、傘杉社、長者社から一の峯へ

山中のお塚の数は一万数千基ともいわれるが、数もさることながら、それらが明治時代以後に設置されたものであることにも驚かされる。一三〇〇年以上にわたる稲荷山信仰の流れの中では〝つい最近〟の出来事といっていい。

ただし、その核となっているのは原始的な信仰だ。御膳谷奉拝所から一の峯にいたる稲荷山の北側を歩くと、とくにそう思える。蝟集《いしゅう》するお塚群の中心にあるのは、ご神木や磐座《いわくら》(神が降臨するとされた巨岩)であり、滝なのである。

御膳谷奉拝所からはまっすぐ東に向かう道と谷を下る迂回路があり、前者の先には薬力《やくりき》の滝、後者には清滝《きよたき》と清明《せいめい》の滝という滝の霊蹟が伝わっている。いずれも滝というより水行場といった趣だが、清冽《せいれつ》な滝水で心身の垢離《こり》をとり、神霊と交感するのは、古《いにしえ》から修行の基本である。こうして培われる霊験信仰がベースにあったのだろう。薬力さん(薬力社)の人気は根強い。聞けば、病人の代わりに家族らが代参して千羽鶴を奉納し、祈願していくのだという。そしてお礼参りに再び訪れ、ミニ鳥居を奉納していくのだ。

その近くの傘杉《かさすぎ》社は、大杉社と同じく「しるしの杉」さながら、杉の大木が神の依《よ》り代《しろ》となっている。また、七神蹟のひとつ長者社《ちょうじゃしゃ》のご神体は、剣石と呼ばれる巨岩である。雷石とも呼ばれることから、雷神の御座所《ござしょ》とみなされたのだろう。雷神はまた水神(龍神)でもある。雷とともに天から落ちる雨はやがて滝へと注ぎ込み、豊かな水は杉の生長を促して、葉を一年中青々と繁らせる。そして稲穂の形にも似た杉の葉は、稲荷大神の「みしるし」となる——。

周囲に鬱蒼《うっそう》とした木々が生い繁る参道は、長者社を過ぎるあたりから急勾配《こうばい》となる。清少納言も難儀したと記しているこの坂を上り詰めれば、ようやく一の峯である。

薬力社《やくりきしゃ》

薬力の滝（右ページ写真）に隣接し、無病息災《そくさい》のご神徳で知られるほか、薬局、製薬会社などからも信仰されている。また、近くの「おせき大神」は咳《せき》、喘息《ぜんそく》などから守る「のどの神さま」といわれている。

（上）**傘杉社とご神木**

杉は稲荷山を代表する樹木で、杉の葉は古くからお守りとして珍重されてきた。かつてこの神木は枝葉が傘のように覆っていたといい、その傘のような豊かな葉で樹上から人々を守ると伝えられているという。

（下）**剣石**

御劔社ともいわれる長者社のご神体（磐座)。『稲荷山十二境図詩』に「劔巖蒼苔《けんがんそうたい》」とうたわれており、稲荷山三ヶ峰と同じく、古くから神祭りの場であったと伝えられている。謡曲「三条《さんじょう》小《こ》鍛《か》冶《じ》宗近《むねちか》」の舞台としても知られ、名匠宗近が、稲荷大神の化身となってあらわれた狐の助けを得て、名刀小狐丸を鍛えたと語られている。神蹟の左手には「焼刃《やいば》の水」という井戸があり、伝説を偲ばせている。

稲荷山をめぐる⑤

稲荷マンダラの中枢へ

——一の峯から三の峯、そして荒神峯へ

昼なお暗い急斜面を上り、陽光輝く山の頂《いただき》に到達したときの気分は格別である。

鈴なりのミニ鳥居とお塚を取り巻いてこんもり盛り上がった頂点に、一の峯・上之社神蹟《かみのやしろしんせき》がある。親塚と呼ばれる基台に、社名や神名（末広大神）を刻んだ自然石を載せたつくりとなっており、その前の拝所にはいつも、祝詞をあげてしばし祈りを捧げる参拝者たちの姿がある。

こういった神蹟の光景は、一の峯から段々と低く連なる二の峯（中之社神蹟・青木大神）、三の峯（下之社神蹟・白菊大神）でも同様である。ここでは、一三〇〇年前の稲荷信仰の原点と現在の時間が無理なく共存している。

ただし、社名と祭神名に関してはやっかいな疑問が残る。歴史的に稲荷三社という場合、下社は現在の本殿にあたる山麓の社を指し、上社はかつて山上にあった社を指すといわれる。また、三ヶ峰の三神は本殿に祀られる中央三座に対応するといわれるが、その神名（宇迦之御魂大神《うかのみたまのおおかみ》・佐田《さた》彦大神《ひこのおおかみ》・大宮能売大神《おおみやのめのおおかみ》）は山上のそれと異なっているのだ。

とりあえずは、三ヶ峰の神蹟を山宮、山麓の本殿を里宮と理解し、三ヶ峰の神名は、お塚と同じく民間信仰のなかでのちに付けられた呼称と理解しておこう（事実、三ヶ峰の神蹟はかつて上ノ塚、中ノ塚、下ノ塚と呼ばれていた）。

ともあれ、稲荷山のほかにはない特徴は、お塚に見える「私の神々」が無数に共存していることだろう。これらは一見無秩序にも見えるが、神々の本地が稲荷大神だとすれば、稲荷山はまさに、すべての神々が中尊《ちゅうそん》に帰一《きいつ》するマンダラ世界を形作していることになる。われわれはそんな稲荷マンダラで神界めぐりをし、稲荷の子となって、再び朱の参道（産道）をくぐって再生するのである。

（右４点）**上より一の峯上之社、二の峯中之社、三の峯下之社、間《あい》の峯荷田社《かだしゃ》**

それぞれ末広大神（一の峯）、青木大神（二の峯）、白菊大神（三の峯）、伊勢大神（間の峯）の名で崇《あが》められている。三ヶ峰の祭神は、山麓の本殿の中央三座に対応するといわれるが、神名も含め、その関係は不明である。また、伏見稲荷大社に伝わる「山上旧跡図」（秦長種作、享禄４年）などによれば、神蹟はそれぞれ上ノ塚、中ノ塚、下ノ塚、人呼塚《ひとよびづか》（又は命婦塚《みょうぶづか》）と記されている。「塚」は、土や石で積み上げられた神蹟の形状と合致するが、古来、稲の豊穣の祈願と感謝をした祭祀蹟ではないかとする説がある。

（上）**荒神峯田中社神蹟**

四つ辻から延びる石段を登りつめた頂にある神蹟。七神蹟のひとつで「権太夫大神《ごんだゆう》」の名で崇められるが、本殿の田中大神との関係は不明。なお、この神蹟の後方からは、京都市内中心部から以北までが一望できる。

正一位稲荷大明神の誕生

――秦氏の氏神から稲作の国・日本の守護神へ――

初午《はつうま》のころ、お稲荷さんの社には「正一位稲荷大明神」と染め抜いた赤い幟《のぼり》がはためく。この正一位とは神階であり、最も高い位に相当する。渡来系氏族の秦氏が祀る「外《と》つ国」の神が、なぜ日本で神階を極めることができたのか。その理由は、この神が「稲の神」に変じたからである。

文＝鈴鹿千代乃

「穂落とし伝説」と秦氏が伝えた稲の祭

日本には「八百万《やおよろず》」といわれるように、多くの神々がおられる。そのなかで、「お稲荷さん」くらい全国いたる所にまつられている神様は、他にはおられない。その数えきれない程の稲荷社の総本宮が、京都市伏見区深草の地に鎮座する伏見稲荷大社である。

この神社の最古の縁起が『山城国風土記』逸文（26ページ参照）に残されている。

それによると、お稲荷様は帰化系の雄族である秦一族が祀っていた神であり、「稲荷社」はもとは「伊奈利」と記されていた。この「伊奈利」が、後に「稲荷」と書かれるようになったのである。「伊奈利」は「稲成《いねな》り」あるいは「稲生《いねな》り」と理解されたのである。実際、現在でも「稲成」「稲生」と書く「稲荷社」もある。

＊1　秦氏は高度な技術力をもち、桂川に灌漑用の堰（葛野大堰《かどのおおい》＝左ページ写真参照）を築いて嵯峨野一帯を開墾したといわれる。

葛野大堰があった場所
５世紀に秦氏が建造したとされる葛野大堰は現存していないが、渡月橋付近であったと推定される。この堰によって付近一帯が農耕可能な地となった。

また、秦氏の長者である伊侶具公《いろぐのきみ》が餅の的を射て、それが白い鳥となり、その鳥の舞い降りた山の峯に稲が生えていたと語るのは、日本全国に残る「穂落とし伝説」の一類型である。鳥が神々の世界から稲穂をくわえて飛び来たり、落とした所に稲が生えた。それを神の賜物としていただいたと語る。だから、餅は神そのものなのである。

餅の的から白鳥へ、そしてまた稲へという連還は、遠い昔、秦一族が実修していた稲の祭を想像させる。山城盆地が巨大な湿地であった頃、外《と》つ国からこの地の山麓に移住した秦氏は、そのすぐれた土木干拓の技術*1により、この広大な湿地を水田に変え、水田稲作によって確固たる地盤を築いた。

秦氏は毎年、稔りの秋に新穀で餅をつき、それを的として長者がこれを射る神事を行っていたのだろう。的である餅は、彼らの命をつなぐものであり、神々のものであった。すなわち、餅の的を射るという行為は、神を殺すことである。その殺した神である餅を一族が食べて命をいただく——そうした祭を彼らは長い間、行ってきたのであろう。

しかし、その神である餅を的にして射るとは、何と恐れ多いことをするのかという感覚も働いていた。だから、餅は白い鳥となって伊侶具のもとから飛び去ってしまった。

この話には、おごりの果てに落ちぶれてゆく「長者伝説」も取り入れられている。一般の長者伝説では、この後、さしもの長者もひどく貧しくなり、一族皆絶えてしまったなどと説くのであるが、ここでは、そうなってはいない。秦氏は落ちぶれるどころか、異国からもたらしたこの一族の神を最も日本的な神として全国津々浦々に広め、弥々益々《いよよますます》栄えたのである。この辺りが、単なる「長者伝説」ではない、神社の縁起たる所以《ゆえん》なのである。

国を挙げて日本に移住した秦氏

秦氏は、秦の始皇帝の子孫とも称する帰化系雄族である。応神《おうじん》天皇の御代《みよ》、南鮮にいた弓《ゆ》

蚕の社
秦氏ゆかりの神社で、京都市右京区にある。正しくは木島坐天照御魂神社。平安時代には雨をもたらす神として信仰されたという。

月君《づきのきみ》（融通君とも）が、百二十七県の百姓を率いて来朝し、仁徳《にんとく》天皇の御代には秦氏の姓を賜った。さらに雄略《ゆうりゃく》天皇の御代には、秦酒公《さけのきみ》が一万八千余の人々を率いて朝廷に仕え、太秦《うずまさ》公の姓を賜り、欽明《きんめい》天皇の御代には、秦大津父《おおつち》が七千五十三戸の伴造《とものみやつこ》になり、朝廷の大蔵の管理を任されたという。

彼らの本拠地は、山城国の葛野《かどの》、愛宕《おたぎ》、紀伊の三郡で、現在の伏見稲荷大社の鎮座地は紀伊郡。また葛野郡には、養蚕の神である「木嶋坐天照《このしまにますあまてる》御魂《みたま》神社」（通称「蚕《かいこ》の社《やしろ》」）および秦都《と》里《り》創祀と伝える酒の神「松尾神社」が、そして愛宕郡には、賀茂氏とともに秦氏が奉斎した「賀茂《かも》別雷《わけいかづち》神社」（上賀茂社）、「賀茂《かも》御祖《みおや》神社」（下鴨社）がある。

また、先の葛野郡の「木嶋坐天照御魂神社」に隣接する広隆寺（太秦寺《うずまさでら》、蜂岡寺《はちおかでら》）は、聖徳太子に重用された秦河勝《かわかつ》が、太子より拝受した仏像のために建立したと伝える。

山城盆地はまさしく秦一族の開発した地であった。彼らは、応神朝あたりから続々と渡来した。それは一国を挙げての集団移住といった感がある。

そして彼らのもたらしたすぐれた技術をこの国に伝え、広め、定着させたのであった。それは、土木技術、水田稲作、農具、養蚕機織、醸造、商業交易といった、この国の文化を飛躍的に発展させるあらゆる技術であった。

稲作による国作りが米への信仰を生んだ

今より二千五百年から三千年の昔、朝鮮半島から日本列島に水田稲作がもたらされ、弥生時代が始まったという。以来、日本人は水田による米作りを生業とし、米を主食として生きてきた。もともとは暑い地方の植物であった稲を、寒い地方でも栽培できる品種に改良する努力を今日まで営々と続けてきた。

水田稲作は、つらく苦しい作業である。田植えから稲刈りまで、一日の休みもない。ただ飢

豊かな実り
頭を垂れる稲穂と伏見稲荷大社の神紋。

えをいやすためだけの食糧であれば、何もこんなに苦労することはない。

それまで一万年続いたといわれる縄文時代には、豊かな山の幸（木の実、きのこ、鹿、猪）があり、海の幸も豊かであった。それなのに日本人は、あえて苦労の道である水田稲作を選んだ。それは、米がおいしいばかりでなく、栄養価が高く、収穫率が見込め、何よりもその水田のほとりに定住することができたからである。

米を主食として選んだ日本人は、「米の神話」を生み出した。先に触れた「穂落とし伝説」もそのひとつである。そのほかに、「オオゲツヒメ」や「ウケモチ」といった、穀物の神が殺され、その屍体《したい》から稲をはじめとする五穀や牛馬、蚕などが生じたとする神話など、稲、米、餅を神そのものとする神話がたくさん残されている。

また日本では、仏陀の聖骨である「舎利《しゃり》」を米と同語に使っている。天照大御神も、高天原で水田を耕し、新嘗《にいなめ》の祭をされており、その御子孫のお名前も、オシホ、ホデリ、ホスセリ、ホヲリ、ホノニニギ、ホホデミなど、皆、稲穂の神格である。

日本人は、稲や米を神とし、これを食して生きてきた民族である。水田稲作によって国作りをしてきた民族である。

その水田稲作によって国が作られようとしている頃、秦一族は、すぐれた多くの技術をたずさえて、大挙して次々と日本に渡ってきた。山城を本拠地として勢力を広げた彼らは、湿地を水田に変え、養蚕や醸造も行って巨万の富を築く。そして、有力土着豪族たちとの通婚を通しても、この国に深く根をおろすこととなる。

「伊奈利」から「稲荷」へと神名が変わる

そこで、『山城国風土記』逸文にもどる。

この記事には、「伊奈利」とあるが、「稲荷」とは記されていない。また、「伊《い》祢《ね》奈《な》利《り》生《おふ》」は

＊2　古典の考証にすぐれていたとされる江戸時代の国学者。平田篤胤、橘守部、小山田与清とともに、「天保の国学の四大人」と呼ばれる。京都の堀川で死亡。1773～1846年。

鈴鹿千代乃（すずか・ちよの）　神戸女子大学文学部教授。著書に『神道民俗芸能の源流』（国書刊行会）、『三輪山と古代の神まつり』（学生社、共著）などがある。幻の伝統芸能「傀儡子《くぐつ》舞《まい》」の伝承者でもある。

「稲成り生ふ」と読めるが、実は、最も古い写本には「生子」とある。すなわち、峯の上に飛んで行った白鳥が「子を生んでいた」と読めるのである。「生子」の二字を「伊祢奈利生」と強引に変えたのは、江戸時代の伴信友《ばんのぶとも》＊2という学者だが、それは、この一文がほかでもない山城の稲荷神社の縁起だから、その文中のどこかに「稲」の字が入っていなければならないという理由からであった。しかし、これはどう考えても無理がある。

そこで原本を忠実に読んでみると、「伊奈利」とは、「うなる」（イ音とウ音は交代しやすい）の意で、白い鳥が山の峯でいななくように鳴いていた（そこに白鳥が子を生んでいた）、ということになる。これは、むしろ「白鳥信仰」と言うべきものである。

『風土記』が記された頃、秦氏が信仰していたのは、白鳥だったのではなかろうか。

秦氏は、この国に来て、この国の人々が米に対してなみなみならぬ信仰を抱いていると知り、白鳥信仰による「伊奈利」を稲の神「稲荷」という二字に変換したものと考えるのである。

『風土記』に「伊奈利」とあったこの神社は、平安期初期には「稲荷」と記されるようになる。

『延喜式《えんぎしき》』神名の部には、山城国紀伊郡に「稲荷神社」と記され、大社に列せられている。

「伊奈利」から「稲荷」へと、その神名を変換したことで、米作りを生業《なりわい》とするこの国で、その神の位階（神階）はとんとん拍子に上がっていった。淳和《じゅんな》天皇の御代に従五位下《じゅごいのげ》の位を授けられたのを皮切りに、承和《じょうわ》十一年（八四四）に従四位《しい》下、嘉祥《かしょう》三年（八五〇）に従四位上、さらに貞観《じょうがん》十六年（八七四）には従三位《さんみ》へと加階され、天慶《てんぎょう》三年（九四〇）には、平将門《たいらのまさかど》・藤原純友《すみとも》による「天慶の乱」の平定祈願への奉賽《ほうさい》として、従一位にのぼりつめた。

その間も朝廷をはじめ米作りをする衆庶の篤い崇敬を受け続け、遂に天慶五年（九四二）には、正一位の極位を授けられた。

それはまさに、米を神とするこの国に、すぐれた水稲耕作の技術を伝えた外つ国の神が、米の国日本の神となった瞬間であった。

コラム

稲荷研究の古典『験の杉』

文＝稲田智宏

近世において、現在の伏見稲荷大社や稲荷神について考証した著作としては、伴信友《ばんのぶとも》の『験《しるし》の杉』が筆頭に挙げられよう。書名は参詣の折りに求められる杉の小枝(↓29ページ)の名称である。

伴信友(一七七三〜一八四六)は若狭国小浜藩士で、本居宣長《もとおりのりなが》が亡くなった年に没後の門人となった。ちなみに平田篤胤《ひらたあつたね》が入門したのはその四年後で、年齢は信友が篤胤より三歳年長である。やや強引な学風の篤胤と精緻な考証で知られる信友は対照的だったが、二人は本居門下の代表的な国学者として並び称される。

伴《ばん》 信友《のぶとも》 [1773年(安永2)—1846年(弘化3)]。古典の考証に優れた江戸時代の国学者。平田篤胤《ひらたあつたね》、橘守部《たちばなもりべ》、小山田与清《おやまだともきよ》とともに、「天保《てんぽう》の国学の四大人《しうし》」と呼ばれる。

天保六年(一八三五)に書かれた信友の『験の杉』は、序文によれば稲荷社は大いに栄え、稲荷神は各地で広く祀られるようになっているけれども、その故事ははっきりしないため考証したとある。

このなかで信友はまず「山城国風土記《やましろのくにふどき》」逸文の稲荷社鎮座に関する伝承について触れる。たとえば「(的にされた餅が)白き鳥と化成《な》りて飛び翔《かけ》りて山の峯に居《を》り」に続く語句は、書き写された各書物によって「伊奈利山」、「イ子《ネ》ナリ生《オイキ》」、または「生子」「子生」(子を生むの意)などとあり違いが見られるのだが、これを稲が生じた意の「イ子ナリ生」が正しいと判断し、「伊禰奈利生」と表記した。

また稲荷社の祭祀や座数などについて考証し、次いで「稲荷神に種々の偽妄の説のある事」として、本地垂迹《ほんじすいじゃく》思想による諸説を取り上げる。空海らが仏教を広めるため、神々を取り込もうとしてさまざまな「偽妄の強説」を作り出したと見なし、稲荷神が老人の姿となり稲を背負って空海の前に現れたという説話などを、稲荷社を東寺の鎮守社とするための妄説と批判するわけである。

最後には「追加」として、狐など鳥獣の類を神とすることの疑義を受け、本居宣長の神観念をもってこれに答えている。

稲荷大神五柱とは何か

――稲荷三神、稲荷五社明神と呼ばれた稲荷社の神々――

稲荷大神とは、実は五つの祭神からなる総称である。

宇迦之御魂大神《うかのみたまのおおかみ》、佐田彦大神《さたひこのおおかみ》、大宮能売大神《おおみやのめのおおかみ》、田中大神《たなかのおおかみ》、四大神《しのおおかみ》。

それぞれ一般になじみのない神名であるばかりではなく、実は祭神そのものも謎を多く秘めているという。ここで神々の由緒来歴を整理しておきたい。

文＝稲田智宏

稲の神＝宇迦之御魂大神

全国に鎮座する稲荷神社の主祭神は、その多くを宇迦之御魂神《うかのみたまのかみ》としている。伏見稲荷大社の主祭神も公式には宇迦之御魂大神である。

稲荷神奉斎《ほうさい》の起源を伝える『山城国風土記《やましろのくにふどき》』逸文《いつぶん》の伝承では、「伊奈利」という社名が、餅から変化した白鳥が降りた地に稲が生《な》ったことを由来としているのみで、具体的に神名は記されていない。しかしこの伝承による限り祭神は稲の神であるため、いつしか稲荷神は同じく稲の神格を持つ宇迦之御魂神と認識されるようになったのだろう。座数も記録の上では古く「稲荷神」と記されるだけだが平安の初期から「稲荷神三前《みまえ》」と見え、『延喜式《えんぎしき》』神名帳《じんみょうちょう》*1でも「稲荷神社三座《さんざ》」と記されている。

*1 『延喜式《えんぎしき》』の巻九・十のことで、全国の神社一覧表。ここに記載された神社は「式内社」といわれ、全国で二八六一社ある。

では宇迦之御魂神とはどのような神だと伝えられていたか。『古事記』では須佐之男命《すさのおのみこと》と神大市比売《かむおおいちひめ》とのあいだに生まれ、この両神には大年神《おおとしのかみ》も生まれている。大年神とは「年」が稲を意味し、宇迦之御魂神も「宇迦」が稲を中心とする食物を意味しており、類似の神格を有する兄弟神として大年神と宇迦之御魂神は誕生したわけである。

これが『日本書紀』では伝承を異にし、一書《あるふみ》のひとつに伊奘諾尊《いざなぎのみこと》と伊奘冉尊《いざなみのみこと》が飢えて気力のないとき倉稲魂命《うかのみたまのみこと》を生んだという。この神名は別の一書に「宇介能美柁磨」と読むべきことが記されているため、宇迦之御魂神と同一神のようである。この場合、神名に稲の字が用いられていることから、やはり稲を中心とする食物の神だということが表記の上からも確認できる。倉の字が用いられているのは、稲を収めた倉に祀《まつ》られる神を意味しているからだろう。

『古事記』で伊邪那岐命《いざなぎのみこと》が天照大御神《あまてらすおおみかみ》に高天原《たかまのはら》を統治するよう命じた際、御頸珠《みくびたま》＊2を授け、御頸珠は御倉板挙之神《みくらたなのかみ》という名であることが記されているが、この御倉板挙之神も倉に祀られる稲《いな》魂《だま》と推測することができる。したがって、宇迦之御魂神と御倉板挙之神を同一とする説もある。

また、『延喜式』祝詞《のりと》の大殿祭《おおとののほがい》＊3では、家屋を意味する屋船の語が附された神名にて、宮殿を構成している木材の神の屋船久久遅命《くくのちのみこと》および葺《ふ》かれている稲藁《いねわら》の神の屋船豊宇気姫命《とようけひめのみこと》に宮殿の平安を祈願している。そして屋船豊宇気姫命には「是稲霊《これいなだま》なり。俗の詞《ことば》に宇賀能美多麻《うかのみたま》」と注記され、つまり宇迦之御魂神と同一であることが示されている。

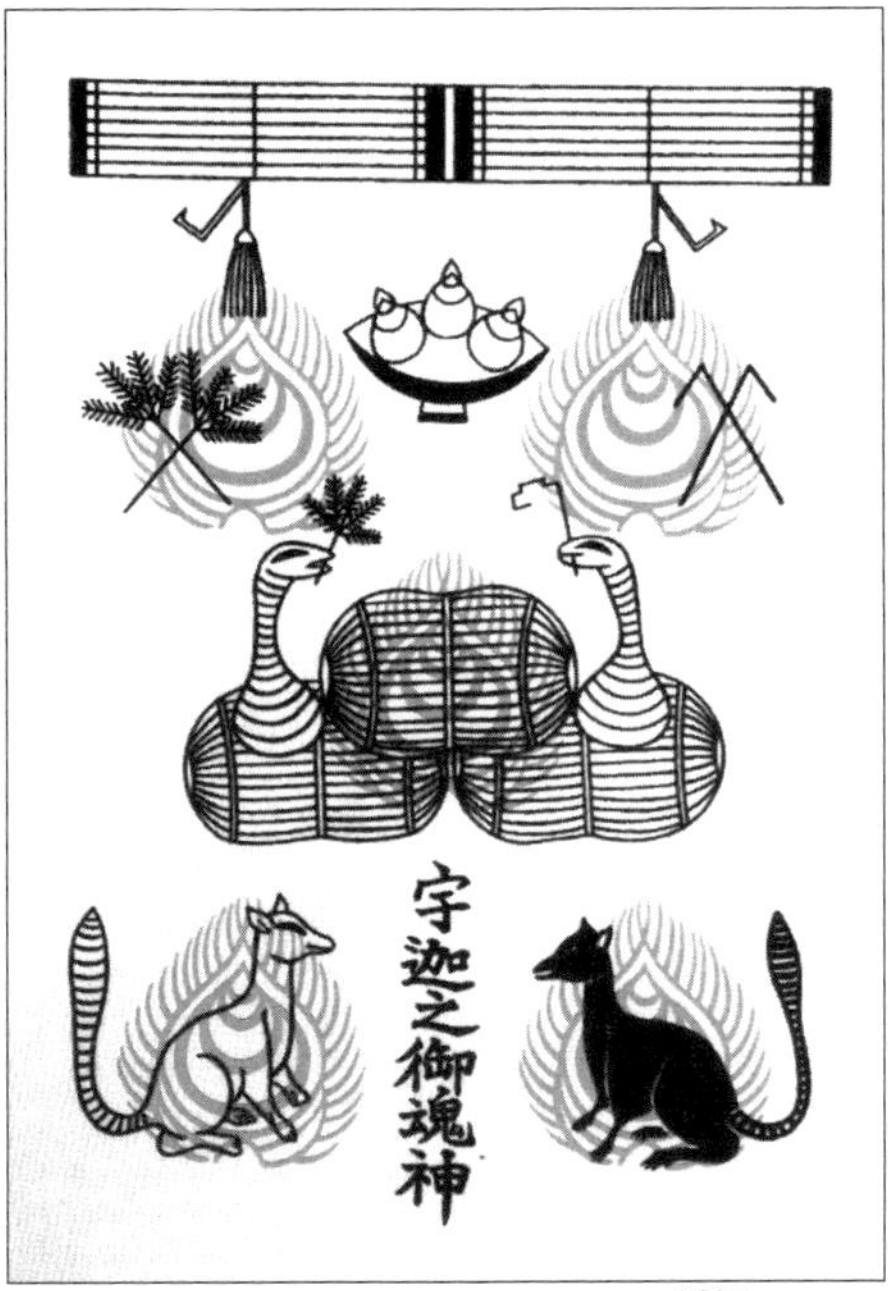

伏見稲荷大社の御神符（おふだ）。朱地の宝珠《ほうじゅ》の上に、鍵と杉葉を咥えた巳神《みかみ》と神使の狐といった象徴的な図案に、主祭神・宇迦之御魂神《うかのみたまのかみ》の御名が墨書されている。

＊2　珠《たま》の首飾り。
＊3　宮殿の災いを祓《はら》い、平安を祈願する宮中の儀式。

食物をつかさどるトヨウケ（ウケモチ・ウカタマ）の女神の御影。（やよい文庫蔵）

稲を代表とした穀類に関わる神は多い。宇迦之御魂神のほかにも食物を意味するウカやウケ、またはケという語を中核とする名を持つ神には、保食神《うけもちのかみ》、大気都比売神《おおげつひめのかみ》、また伊勢神宮外宮《げくう》祭神の豊受大御神《とようけのおおみかみ》や廣瀬《ひろせ》神社祭神の若宇加能売命《わかうかのめのみこと》などがある。伴信友《ばんのぶとも》は『験《しるし》の杉』[*4]において、稲荷神社祭神の本来の神名は知られていなかったものを、後世になって古典中の神名にさまざまに当てはめたのだという趣旨のことを書いているが、どの神名で祀られようと少なくとも稲の神であることに違いはない。

佐田彦大神・大宮能売大神とは

先述したように稲荷神は古く一柱《ひとはしら》の神のように伝えられていたが、平安の初期から稲荷神社には三座が奉斎されていると記録されるようになる。現在の伏見稲荷大社の見解としては、下社《しもしゃ》に主祭神の宇迦之御魂大神、中社《なかしゃ》に佐田彦大神《さたひこのおおかみ》、上社《かみしゃ》に大宮能売大神《おおみやのめのおおかみ》を祀るとしているが、かつてはそれぞれの祭神に諸説があった。

江戸時代の中期に社家の秦《はた》氏から出た毛利公治《もうりきみはる》の撰述による『水台記《すいたいき》』[*5]では、正説として下社・伊奘冉尊、中社・倉稲魂命、上社・素戔嗚尊《すさのおのみこと》とし、中社の倉稲魂命を主祭神としている。また江戸時代末の国学者の前田夏蔭《まえだなつかげ》は『稲荷神社考』で、たとえば室町時代の『神名帳頭注《とうちゅう》』には中社を倉稲魂神でほかの二柱を素戔嗚尊と大市姫神《おおいちひめのかみ》とし、『二十二社註式』では下社・大宮能売神、中社・宇迦之御魂神、上社・猿田彦神《さるたひこのかみ》とするなどの説を挙げ、下社・大市姫命、中社・宇迦之御魂神、上社・須佐之男命で宇迦之御魂神を主祭神とする説を正しいと考えた。

＊4　江戸時代の国学者、伴信友《ばんのぶとも》が一八三五年に著した稲荷研究書。

＊5　『水台記《すいたいき》』（元禄七年／一六九四）は、伏見《ふしみ》稲荷社の祀官《しかん》による年代の明らかな最古の由緒記。当社の祭神などに関して、邪説が流布することに危機感を抱いた著者が、祭神、社殿、

このように各社の祭神には、稲の神である宇迦之御魂神のほかに異同が見られるのだが、では現在の中社祭神とされる佐田彦大神および上社祭神の大宮能売大神とはどのような神なのか。

まず佐田彦大神は、降臨してくる天孫を先導するため、その道の途中に待機していたと伝えられる道開きの神の猿田彦神に同一とされる。つまりサルタがサタに変化して佐田彦となったかと考えられているわけである。サルタという語は先導とか先端を意味するとも考えられるが、一方で『日本書紀』によれば、猿田彦神は伊勢の狭長田《さなだ》に降り立ったとされ、このサナダもサルタも神聖な田を意味するともいう。経緯は確かでないけれども、宇迦之御魂神を主とする神社に猿田彦神が祀られるのはこの意味で関連が認められる。また宇迦之御魂神のほかの祭神に太田命《おおたのみこと》という神名が挙げられることもあったが、太田命は「神道五部書」で猿田彦神の別名またはその裔《すえ》ともされている。

なお出雲の佐太《さだ》神社に祀られる佐太大神は『出雲国風土記』によると支佐加比売命《きさかひめのみこと》の子で、加賀の潜戸《くげど》にて生まれたという。この佐太大神は平田篤胤《ひらたあつたね》が猿田彦神と同一と見なし、現在の佐太神社も踏襲している。

大宮能売神は神祇官《じんぎかん》に祀られた八神[*6]のうちの一柱として、朝廷で重視された女神である。『延喜式』祝詞の大殿祭に、宮殿内が平穏であるように守護する働きを持つ神と称えられ、『古語拾遺《こごしゅうい》』では太玉命《ふとだまのみこと》の子で、女官が善言美詞《ぜんげんびし》によっ

由緒不明の「豊受《とようけ》稲荷大神」の御影。下に猿田彦神と天鈿女命《あめのうずめのみこと》（しばしば大宮能売《おおみやのめ》と同一視される）、中央に老翁姿の二神（稲荷山の地主神、または田中《たなかの》大神・四《しの》大神か）を配する。

祀官などをはじめとする由緒一般と宗教的解釈を述べたもの。『稲荷大社由緒記集成』巻二所収。

＊6　律令制のもと、神祇《じんぎ》官《かん》西院の八神殿に設けられた神々で、『古語拾遺《こごしゅうい》』の表記によれば、第一殿・神《か》皇産霊神《みむすびのかみ》以下、高皇産霊神《たかみむすびのかみ》、魂留産霊《たまつめむすひ》、生産霊《いくむすひ》、足産霊《たるむすひ》、大宮売神、御膳神《みけつかみ》、事代《ことしろ》主神《ぬしのかみ》の天皇を守護する八神（御巫八神《みかんなぎはっしん》）。

て君臣のあいだを和らげるような働きをすると説明されている。室町後期の『神祇拾遺』には第三殿の祭神を大市姫または大宮命婦《おおみやのみょうぶ》としており、後者の「大宮の命婦」とは宮廷の女官を意味していよう。松前健はこの女神を宮廷祭祀における「神饌を取り扱う巫女の神格化[*7]」したものと見ているが（『稲荷明神』）、とすれば稲荷の三神には稲の神、田の神、神饌に関わる神といった関連が見て取れる。

田中大神＝田の神、四大神＝四季をつかさどる神？

平安時代の初期から稲荷神社には三座の神々が祀られ稲荷三所大明神などと称されていたが、やがて祭神は五座となった。新たな二座は下社摂社・田中社の田中大神《たなかのおおかみ》と、中社摂社・四大《しの》神社の四大神《しのおおかみ》で、現在ではこの五座を合わせて稲荷大神と称する。田中大神や四大神の名は、たとえば藤原頼長の『台記《たいき》』に見え、これは平安時代の末の日記である。また『神祇拾遺』によれば弘長《こうちょう》三年（一二六三）にこの二座を加えて五座としたという。[*8]

宇迦之御魂神と同様に、田中大神もやはりかつては記紀に登場する著名な神に同じと見なされ、大己貴神《おおなむちのかみ》や猿田彦神、または鴨建角身命《かもたけつぬみのみこと》などと同一視された。実際にはどのような経緯で祀られるようになったかすら明確でなく、その名の通り田の神ではないかと思われる。

伏見稲荷大社から一キロほど北には、境外《けいがい》摂社の田中神社が鎮座している。鎌倉時代の中期に成立した『古今著聞集《ここんちょもんじゅう》』に、平安中期の歌人の和泉式部《いずみしきぶ》が稲荷社を参拝したとき「田中明神」の付近で時雨《しぐれ》にあった際の説話があることで知られる。江戸中期の『稲荷谷響記』によると、「東福寺門前田中ノ町」の「田中社旧跡」は今は小社だが古くは広大な社地を有しており、東福寺が建立されたときに多くを失ったという。

四大神もかつてはその正体に諸説があった。『水台記』では「底筒男命《そこつつのおのみこと》・中筒男命《なかつつのおのみこと》・表筒《うわつつの》

＊7　この、穀物神に仕える巫女という属性から、大《おお》宮能売神《みやのめのかみ》はやがて平安京の官営市場の守護神として祀《まつ》られるようになり、市場の産業に繁栄をもたらす市神、商売繁盛の神として信仰されていく。

＊8　少なくとも江戸時代には「稲荷五社大明神」の尊称がごく一般的になっていたといわれる。

＊9　由緒不明な田中大《たなかのおお》神《かみ》・四大神《しのおおかみ》について、伏見稲荷大社では、「元は稲荷神と何らかの深い関わりがある地主神、あるいは土着神的傾向が濃厚であるようです」（同社HPより）としている。

稲田智宏（いなだともひろ）
慶應義塾大学文学部哲学科卒、國學院大學大学院博士課程後期満期単位取得。講師職のほか、神道思想や日本神話を中心とした研究および執筆活動を行う。著書に『三種の神器』（学研新書）、『鳥居』（光文社新書）、共著に『すぐわかる日本の神々』（東京美術）など。

男命《おのみこと》・神功皇后《じんぐうこうごう》」の四柱で一座とするとし、『神祇拾遺』では「五十《いそ》猛神《たけるのかみ》・大屋《おおや》姫《ひめ》・抓津《つまつ》姫《ひめ》・事八十神《ことやそがみ》」とする。しかし田中社と同じく祭神の神格や鎮座の経緯は不明であり、一柱の神名を四大神と呼んだのか四柱の総称なのかも定かではない。*9

前田夏蔭は四大神を「若年神《わかとしのかみ》・夏高津日神《なつたかつひのかみ》・秋比売神《あきひめのかみ》・久久年神《くくとしのかみ》」の四柱だと見なした。伏見稲荷大社と同じく秦氏によって創建された松尾大社に、境内末社の四大神社があり、この祭神を現在の神名で表記すれば「春若年神《はるわかとしのかみ》・夏高津日神・秋比売神・冬年神《ふゆとしのかみ》」としているからである。『古事記』には大気都比売神の子に「若年神・夏高津日神・秋毘売神・久久年神」の名が見え、『先代旧事本紀《せんだいくじほんぎ》』では久久年神を冬年神としてこれら四柱が見える。『古事記』では久久年神に注記して「久久の二字は音を以《もち》ゐよ」とあることなどから「冬」ではなく「久久」が正しいとし、前田夏蔭も本居《もとおり》宣長《のりなが》も茎の意とした。宇迦之御魂神と同じく食物神の大気都比売神から生まれたこれらの神々の名は、稲が春夏秋冬の四季に生長していくさまを表していると前田夏蔭は考えたのである。ただ松尾大社の四大神社も祀られる経緯は定かではない。

なお伏見稲荷大社の境内摂社に大《おお》八《や》嶋《しま》社があり、この祭神も四大神である。松前健は大八嶋社を竈戸殿《かまどどの》ではなかったかと推測し、祭神の四大神は竈神《かまどのかみ》だろうという。

伏見稲荷大社の北、本町通沿いに鎮座する伏見稲荷大社境外摂社の田中神社（東山区本町20丁目）。

伏見稲荷大社境内にある摂社の大八嶋社《おおやしましゃ》。古来社殿がなく、朱の玉垣で囲い禁足地とされている。

視点2

キツネが神使となった理由

文＝中村雅彦

●願いを神に伝えるメッセンジャー

稲荷神と狐の関係について論じてみよう。稲荷信仰においては、狐は稲荷神の神徳《しんとく》を人々に届け、人々の願いを稲荷神に伝えてくれるメッセンジャーとしての役割を持っていると理解されている。[*1]日本では稲荷神の狐のほか、八幡神の鳩、熊野信仰の烏《からす》、天神の牛、春日大社の鹿、山王の猿神なども知られている。

もともと「お稲荷さま」は複数神であり、農耕民族の中でも稲作に頼る民族が古くから持っていた信仰が、日本において「稲魂《うかたま》」として崇《あが》められ、神道に結びついた結果、宇迦之御魂命《うかのみたまのみこと》、猿田彦命《さるたひこのみこと》、大宮売命《おおみやのめのみこと》の三神となったとする説もある。

一方で、生産や生活の安定を願い、それに感謝する神として定着したがゆえに、稲荷神は民俗信仰ともジャストマッチし、神への願望はさらに増幅して、富や出世を祈る対象にまでなっていった。

そこに、密教の将来によってジャッカル（野干《やかん》）に乗ったダーキニー（荼吉尼天《だきにてん》）の信仰が伝わり、これが人の願望を何でも叶えてくれる通力自在の神であることから稲荷神と混同され、ジャッカルの代わりに狐が稲荷神の使いとされるようになり、やがて狐そのものが神獣とされるようにもなったのではないかというわけである。

●身近に出没した神の使い

狐が稲荷神の使いとして見られるようになった理由にはいくつかある。

ひとつは、狐の持っている尻尾の形態が稲穂に似ているという連想から来たという説がある。かつては日本中に狐は生息していたが、人家の付近にもよく出没し、人間にとってもなじみ深い動物だった。狐の甲高い鳴き声、鋭い眼光、素早い動作など、人々はその姿や習性を不思議に思い、狐を神の使いではないかと考えるようになった。

たとえば津軽地方では、狐の鳴き方や供物《くもつ》の小豆飯《あずきめし》、魚の食べ跡を見聞きして豊漁を占うということが行われていた。

また、狐にまつわる民話も数知れず日本には残っていることから、狐を身近に感じていたことがうかがえる。

さらに、狐は農耕にとって害獣となる野ネズミや野ウサギを退治したり、小動物を追って水田の近くによく現れることから、農耕神の使いと考えられるようになったともいわれている。

　このように、稲荷信仰の大きな特色は稲荷神の使いとして狐が登場するところにあるのだが、一方で狐を稲荷神と同一視し、神そのものと誤解している人も意外に多い。だが、あくまでも狐は稲荷神の「神使《しんし》」、「眷属《けんぞく》」であり、あるいは神と巫者《ふしゃ》との間に介在して託宣をもたらす霊的存在、いわば霊的メッセンジャーであって、神そのものではない。*2

　問題は、そうして何世代にもわたって受け継がれてきたであろう「イナリ・イメージ」がわれわれの意識の深層にも蓄積されており、深層心理の次元ではなかば独立した意志を持った「意識場」*3になりうるということである。それがイナリのカミと交感するとき、ご神徳、ご神威《しんい》となって信仰者に体験されるのである。


（立命館大学大学院講師）

石狐（大阪・葛葉《くずのは》稲荷神社境内）。

＊1　神使、眷属としての動物の概念は世界各地のシャーマニズムの伝統にも広く認められるものであり、トランスパーソナル心理学（個を超える領域への精神的統合を重んじる心理学）を確立したチェコ出身の精神医学者、S・グロフが「パワー・アニマル」と呼んでいるイメージにも通じる。

＊2　ただし本来、信仰には正統も異端もない。正教や邪教という区別も、社会、文化、政治的な価値判断の所産である。

＊3　「意識場」とは人間を含む生命体の想念が作り出す集合的な意識をさす概念であり、精神と物質の連関作用を引き起こすと考えられている。プリンストン大学の心理学者、R・ネルソンが一九九〇年代半ばから開始した一連の実験的な研究によって、その存在を示唆するデータを得ている。

稲荷大神の神徳と御利益

――時代とともに変遷した人々の祈り――

参道に立ち並ぶ朱の鳥居と、神名が刻まれた石碑。稲荷山には独特の趣がある。人々にとって稲荷山とはどのような存在だったのか。近世より全国各地に広まった「おいなりさん」への篤い思いを具体的な事象を通して探ってみたい。

文＝高田照世

霊山信仰から始まった稲荷信仰

日本人は山に対する憧れを古来持ち続けてきた。とりわけ秀麗な山容を持つ山、国郡境にある山、一年中雪を頂く山、火を吹く山、太陽が出入りする山、水源となる水分山《みくまり》などが崇敬の対象となった。それらの山にはカミやホトケなどが住むと信じられてきた。

さて、京都の稲荷山は東山三十六峰の南端に位置し、まさに太陽の昇る山であり、南山城地方の田園地帯を潤す水分山である。古代、当地域は秦《はた》氏の開拓する地であり、その氏神として秦氏が稲荷山に社を創建したことは『山城国風土記《やましろのくにふどき》』逸文《いつぶん》に明らかなところである。カミやホトケが住まう聖地である稲荷山に社が建てられ、以後、次第に稲荷社として信仰が広まってゆく。平安のころに京中から稲荷詣《もうで》が行われていたことは『枕草子《まくらのそうし》』や『蜻蛉日記《かげろう》』からも知れるが、とりわけ中世後期から庶民の参詣が多くなり、近世にはその信仰が全国に拡大するようになる。

豊作と福をもたらす神

江戸時代において、稲荷神社は、農民や漁民、職人や町人たちの篤い信仰を得た。『日次紀事《ひなみきじ》』*1には、ことに初午《はつうま》の日に多数の農民が伏見《ふしみ》稲荷に参詣したことが記されている。この日に参詣した農民は五穀の種と雑菜の種、さらには大小の陶器を買って帰ったという。また、賽銭《さいせん》を投げて、銭が御簾《みす》に挟まれれば福徳を得ると信じられたとも書かれている。さらに『大日本年中行事大全』*2には、参詣人が、土人形の狐、布袋、鈴、牛蒡《ごぼう》を買って土産とすると記載されている。

これらの史料から当時、伏見稲荷が、農業の豊作と福をもたらす神として農民の信仰を集めていたことがわかる。稲荷社の祭神、保食神《うけもちのかみ》の霊験《れいげん》や稲荷山の霊性にあやかって、食物の種や稲荷山の土で焼いた人形を持ち帰り、農作物の豊穣を願ったのである。土産とした大小の陶器は、稲荷神そのものを入れる霊魂の器とも考えられ、わが里に稲荷神を迎え、招福をはかろうとした人々の心が窺える。現在も初午に授与された験《しるし》の杉を苗代の水口に挿し、豊作を祈る風習が近畿地方では見られ、稲荷神が農業神として信仰され続けていることを示している。

また、十一月八日には御火焚祭《おひたきさい》が行われた。この祭りは鞴《ふいご》祭とも呼ばれ、火を使う職人たちの信仰を集めていた。『日次紀事』には三条《さんじょう》小鍛冶《こかじ》宗近《むねちか》が刀を鋳造《ちゅうぞう》したときに稲荷神が出現して手助けをしたという伝承が記され、銀《ぎん》匠《しょう》、鍛工《たんこう》など鞴を使う人々が祭るとある。火を使う職業に携わる人々が御火

寛政11年（1799）に刊行された『都林泉名勝図会』に描かれた「稲荷社《いなりのやしろ》初午詣《はつうまもうで》」の様子。

*1　黒川道祐『日次紀事』延宝五年（一六七七）序

*2　速水春暁斎『大日本年中行事大全』巻二　天保三年（一八三二）

伏見参詣の土産物として人気を集めた伏見人形。今でも縁起物として作られている。(写真=丹嘉)

焚祭に参詣し、火の再生強化をはかり、金工のますますの発展を祈った。

京の都市民の間にも稲荷信仰が見られた。たとえば京の三条家では初午の日には赤飯、あげ豆腐、水菜のからしあえを清らかな器に盛って表の間に供え、また十一月八日の御火焚祭の日には、みかん、赤かちん(赤餅)、お神酒《みき》などを供えた。*3 三条家という公家の年中行事においてもこのように稲荷信仰が定着していた。

また、三月第二の午の日には本社から九条のお旅所に向けて、五基の御輿《みこし》が渡御《とぎょ》した。その渡御の風景を示す『花洛細見図《からくさいけんず》』*4には、御輿や大《おお》母衣《ぼろ》を背に負う人々とともに、狐や福神の化装をした人物が描かれており、その賑わいが窺える。この図からは、稲荷神とともに福の神が京へ遊幸していくという思想を読み取ることができる。京の町人は稲荷神に福徳円満を期待していたのである。

明治以降に広まったお塚信仰

明治以降、前代の信仰を受け継いで新たな信仰が展開した。それがお塚信仰である。お塚とは自然石に神名を記した石碑であり、昭和四十年、四十一年の調査では、稲荷山全域に七七六二基あると報告されている。*5 石碑には、植物、動物、無生物、自然現象などさまざまな神名が刻まれている。稲荷山全山に見られるお塚信仰は稲荷山に対する原始信仰の復活であり、稲荷大社の神道とは別の庶民による自然神信仰の再生である。稲荷山全体が二重、三重の信仰構造を持つことを象徴している。

これらお塚の建立や信仰には、民間宗教者がかかわっているものがある。「稲荷さん」や「ダイサン」と呼ばれる稲荷行者らが、信者と稲荷山を結びつける役割を果たしている事例で

*3 富田織部『三条家奥向恒例年中行事』安政二年(一八五五)

*4 金屋平右衛門『花洛細見図』元禄十七年(一七〇四)序

*5 『お山のお塚』『続お山のお塚』昭和四十年(一九六五)・昭和四十一年(一九六六)伏見稲荷大社

*6 高田照世「近代における稲荷信仰の地域浸透」(『朱』第51号)平成二十年(二〇〇八)伏見稲荷大社

*7 赤田光男『精霊信仰と儀礼の民俗研究―アニミズムの宗教社会―』平成十九年(二〇〇七)帝塚山大学出版会

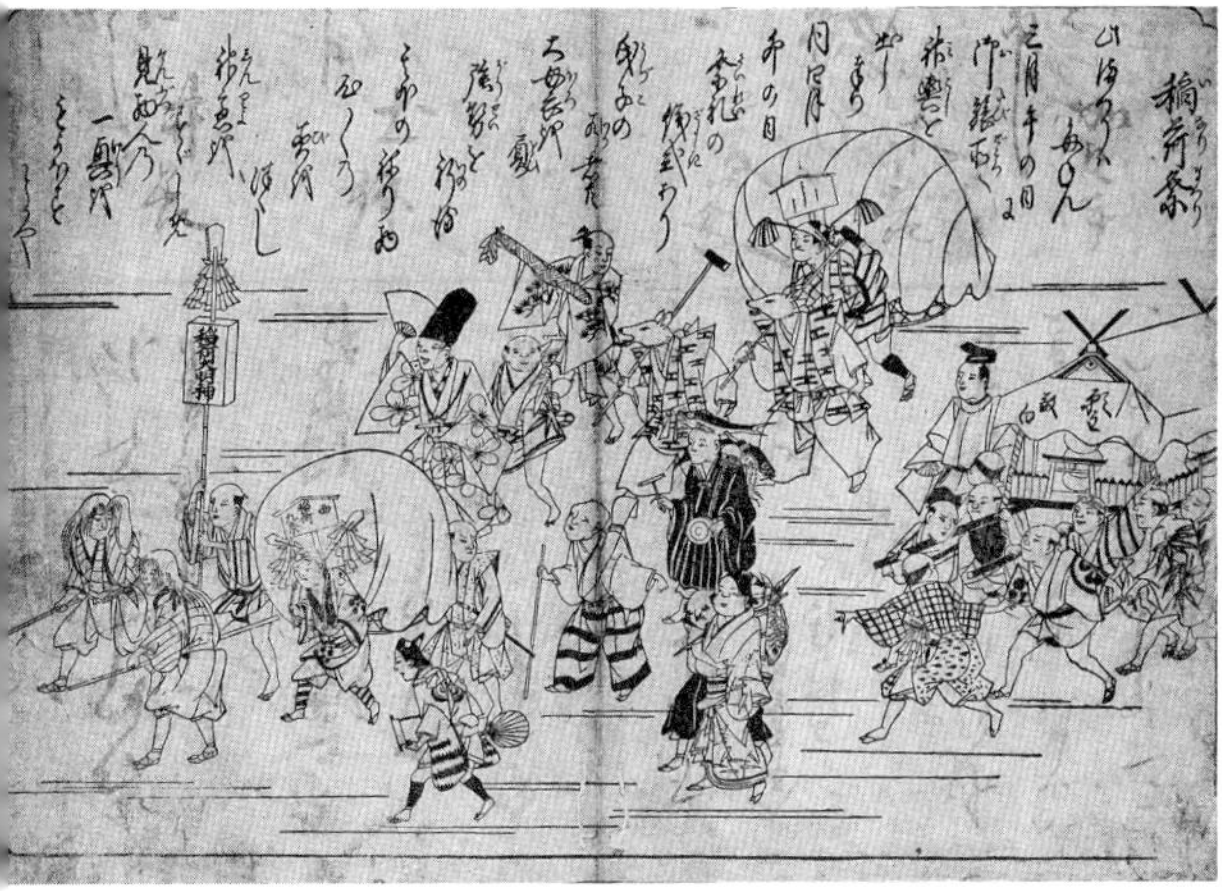

江戸時代の京都の地誌『宝永花洛細見図』(元禄17年〈1704〉序)に描かれた稲荷祭の様子。

ある。宗教者に占ってもらった人が、自己の守護神として神の名を告げられ、その神名のあるお塚を建てて祀《まつ》ったり、あるいはすでに存在するお塚に「お山」して、商売繁盛、病気平癒《へいゆ》、家内安全、学問向上などの成就を祈願する。なかにはお塚の神の声を宗教者に託宣《たくせん》してもらい、生活の指針にする熱心な信者もいる。

どこまでも続く階段を「お山」する参詣者に対して、参道に沿って点在する茶店が杖を貸したり、お茶や食事の世話をしたり、お塚に供える鳥居や蝋燭《ろうそく》を販売したりする。茶店の接待は「お山」する参詣者にとっては実にありがたいものであり、信仰を支える媒体となっている。

稲荷山にあるお塚に対する信仰がやがては各地へ浸透し、新たなお塚を誕生させ、そこがまた地方の宗教霊場となっていくケースがある。その一例が奈良県生駒市小明町の稲蔵《いなくら》神社である。ここでは旧来の村氏神信仰とお塚信仰が習合している。[*6] 稲荷山のお塚が地方地方のお塚となっていく姿は、まさに中世以降、稲荷社が全国各地に勧請《かんじょう》され、全国一の分布数になった状況とまったく軌《き》を一《いつ》にする。中央から地方へ稲荷信仰が浸透していく姿である。稲荷山の信仰は時代ごとにさまざまな形を見せながら、受容されているのである。

近代まで行われていた狐がえり

稲荷山には命婦社《みょうぶしゃ》があり、狐に対する信仰が見られる。まさに原始的なアニミズムである。[*7] 狐は、ときに田の神、山の神とも見なされる。山と里を去来する習性やふわっとした黄金色のしっぽが実った稲穂を思わせるからである。

京都府京丹後市網野町には大正時代まで早春に行われていた「狐がえ

り」の伝承がある。村中の子供たちが村を囲む山中を狐の尾に見立てた藁縄《わらなわ》を振り回しながら歩き、里に下りると、一年内に新嫁が来た家に行き、嫁の尻を藁縄で叩いたという。こうすると嫁に子が授かると信じられていた。

同市丹後町でも昭和二十年代まで「狐がえり」が行われていた。小正月の夕刻、男の子供たちが太鼓やほら貝を吹きながら村の周囲の山を回り、村に戻ると、年祝いや厄年の人がいる家々の玄関先に立って「わいた、わいた、うちの納戸の隅に小判がわいた」と大声で言う。すると祝儀をもらえたという。その後、子供たちは宿に集い、小豆粥《あずきがゆ》を食べるという行事であった。

「狐がえり」行事は、狐狩りとして、狐を追う行事と解釈されている地域もあるが、網野町の事例では、山から下りてきた狐は、人の誕生や作物の豊穣をもたらす山の神的な福神であり、また丹後町の事例では、小判をもたらす福神の残影を狐に見ることができよう。伏見稲荷で祀られている狐もまさにこのような福神の姿である。稲荷山には、山そのもの、巨木、巨岩、湧き出る水、そして洞穴に棲む狐などの自然信仰が集中して存在し、それらを基層に据えて稲荷社の信仰がある。

11月に行われる火焚祭。大社の神苑斎場にて、奉納された火焚串を焚きあげる場面。（写真＝新田義人）

一方、伏見稲荷大社の二月の初午祭と十一月八日の御火焚祭は、日本の氏神祭の古態を伝えている。わが国の古くの氏神祭は十一月に神を山に送り、三か月の物忌《ものい》みの後、二月に神を里に迎える風習が強かった。[*8] このことから考えると稲荷神社の十一月の御火焚祭は稲荷山に神を送る行事であり、二月の初午祭は、山から神を迎える行事であったであろう。

このように稲荷山には、原初的な神々と、時代に求められた神々が重層的に混在している。あらゆる願いをかなえてくれる福神の聖地として揺るがぬ地位を築いた稲荷山は、今日も多くの人々の篤い祈りを受けとめ、応えている。

＊8　柳田国男「祭日考」（『定本柳田国男集』第十一巻）昭和四十四年（一九六九）筑摩書房

高田照世（たかだてるよ）
帝塚山大学大学院博士後期課程修了、帝塚山大学非常勤講師。専攻は歴史民俗学、村落信仰の研究。

【聖像で知る稲荷信仰】

稲荷神の御影《おすがた》

多様な御影に託された稲荷マンダラ

本来、姿をあらわすことのない隠れ身（＝カミ）ながら、「稲荷」の名を有する多種多様な御影が存在する。歴史的に醸成されたお稲荷さんの奥深いキャラクター《イコン》は、これら複雑にして面妖な聖像の中に凝縮されているのだ。

文＝編集部

老翁と女神形、どちらも稲荷の神。

1

2

老翁姿のお姿といえば、その原像は弘法大師空海の伝記絵巻に描かれる「異相の老翁」である。翁は稲束を携え、婦女と童子をしたがえて東寺を訪れ、空海はこれを歓待したという。これは稲荷祭の起源神話でもある。また別伝では、稲荷山の麓に「竜頭太《りゅうとうだ》」なる山の神が住まい、稲を荷なうことから姓を「荷田」という、とある。老翁像のモチーフは、稲荷山にすまう氏神の姿だったのかもしれない。

一方、伏見稲荷大社の祭神・宇迦之御《うかのみ》魂大神《たまのおおかみ》は、保食神《うけもちのかみ》、豊受大神《とようけのおおかみ》などと同体異名の女神とされている。「ウカ」、「ウケ」の音は、穀物や食物をあらわし、『日本書紀』では保食神の屍体の頭から牛馬、額から粟《あわ》、眉《まゆ》から蚕《かいこ》、目から稗《ひえ》、腹から稲、陰部から麦・大豆・小豆《あずき》が生まれたとある。すなわち豊穣《ほうじょう》をもたらす大地の女神のイメージである。

①―「稲荷曼荼羅図」（やよい文庫蔵）
②―「木造稲荷神立像」（個人蔵、写真＝船橋市教育委員会）
③―「宇迦之御魂大神」（志和稲荷神社蔵）
④―「豊受稲荷大神」（個人蔵）

「ダキニ天」として描かれた仏神。

神仏習合の時代、伏見稲荷大社の境内に本願所（愛染寺）が設けられ、寺院の境内に稲荷社が祀られるというのは普通の光景だった。そんな中、稲荷明神と密教修法の本尊荼枳尼天《だきにてん》が同一視されていく。剣と宝珠をもつその姿は、弁財天とも共通する女神形だが、白狐にまたがる姿に特徴がある。弁天の神使である白蛇と、荼枳尼（稲荷）の神使である狐をともに頭上に戴く⑥の画像は興味深い。

明治初年の神仏分離令によって、稲荷社から仏教色が排される一方、寺院では、護法善神のダキニ天＝稲荷明神として現在もその仏神的なキャラクターが保たれている。その代表例が、一般に豊川稲荷《とよかわいなり》として知られる豊川閣妙厳寺《ほうせんかくみょうごんじ》（曹洞宗）のそれだろう。いわゆる密教系の荼枳尼天（⑤、⑥）と豊川稲荷系の吒枳尼眞天《だきにしんてん》（⑦、⑧）とのちがいは、形の上では稲束を担っているかどうかの差異にすぎない。

⑤——「稲荷明神半跏騎狐像」蓮花寺蔵）

⑥——「稲荷明神画像」（市神神社蔵、写真＝琵琶湖文化館）

⑦——「稲荷明神騎狐像」（英倫寺蔵）

⑧——「吒枳尼眞天御影」（やよい文庫蔵）

変化、合体、流転する怪神——。

9

伏見稲荷大社と深い縁を有する東寺に、「稲荷大明神」と称する画軸が残されている。実に、ダキニ天のみならず、恐るべき霊験で知られる象頭の聖天《しょうてん》と弁才天《べんざいてん》の容貌をあわせもつ三面十二臂の像（三《さん》天和合尊《てんわごうそん》）である。この合体尊は、かつて伏見稲荷大社にあった本願所（愛染《あいぜん》寺《じ》）の本尊だったともいわれる。

一方、神仏習合の深化によって、ダキニ天＝稲荷神は現世利益の福神となった大黒天《だいこくてん》や毘沙門天《びしゃもんてん》と結びつき（図②、図⑥）、ついには毘沙門天の異形像である刀八《とうはち》毘沙門天へと変化《へんげ》している（⑩）。「吒枳尼天が多臂の毘沙門天と化す」（『吒枳尼百体変化経』）という仏説に符合するものと考えられるが、ともあれこの神は、描かれた神仏が体現するさまざまな霊験を内に秘めた、未曾有《みぞう》の神格へと昇華していったのだ。

⑨——「稲荷大明神像」（教王護国寺〈東寺〉蔵）

⑩——「稲荷曼荼羅図」（伏見稲荷大社蔵）

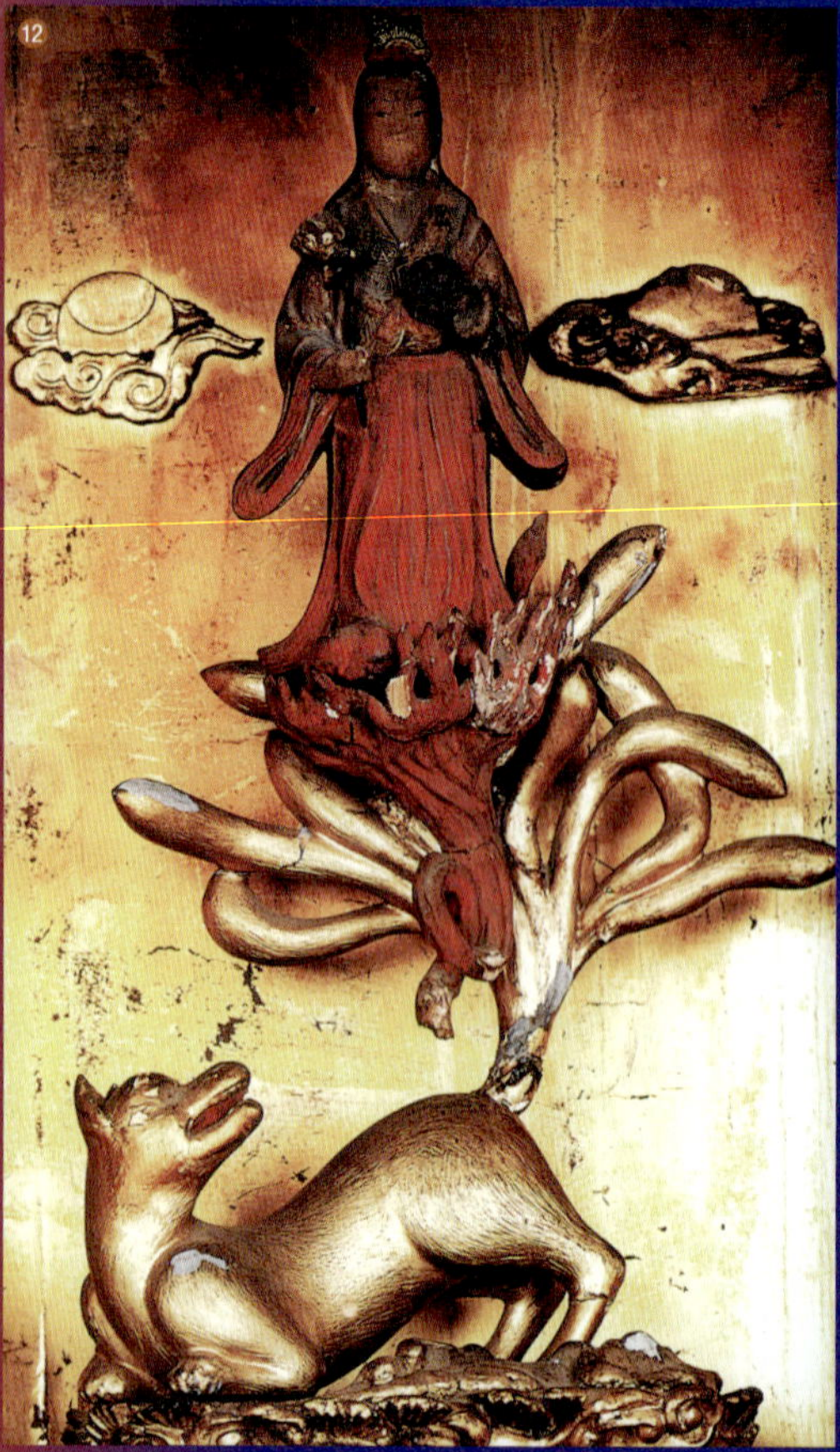

ハヤリ神となった、稲荷神。

九尾《きゅうび》の狐で知られる玉藻《たまも》の前と、怪談の主役お岩さん。歌舞伎の演目などでも知られる悪霊が稲荷神となって寺に祀られている。これらは神霊を教化《きょうけ》した結果、善神へ転じたとされているもので、負《マイナス》のパワーが強い神霊ほど転ずれば強大な御利益をもたらすと信じられた。稲荷としての神格はともかく、その霊験ゆえに「○○稲荷」の名が冠せられたのである。

⑪――「於岩《おいわ》稲荷神像」（妙行寺蔵）
⑫――「九尾《きゅうび》稲荷神像」（喰初《くいぞめ》寺蔵、『日本秘教全書』学習研究社刊より）

【第二章】

稲荷信仰の世界

稲荷明神騎狐像（神奈川・蓮花寺蔵）

稲荷信仰を知るキーワード

文＝稲田智宏

【初午《はつうま》】

稲荷神が稲荷山に鎮座したのは、伝承によって相違はあるが、和銅《わどう》四年（711）の二月初午の日とされる。この伝承に基づき、古くから二月最初の午《うま》の日（初午）には稲荷山に多くの人々が参詣した。平安時代には清少納《せいしょうな》言《ごん》も初午詣をしたことが『枕草子』に記されている。現在、新暦または旧暦の二月初午に、多くの稲荷神社で初午祭が行われる。

【霊狐《れいこ》】

稲荷神を祀る神社の多くが狛犬の代わりに狐の像を置き、その印象が強いためか稲荷神社は「お狐さん」を祀《まつ》っていると誤解されることもあるが、狐は稲荷神の神使《しんし》、眷属《けんぞく》である。稲荷神と狐が結びついたのは、山から里に降りてくる狐を田畑の守護神と崇《あが》めたことに由来するとも、食物神を意味する御饌神《みけつかみ》から「三狐」が連想されたかとも考えられている。

神使という枠を越えて社に祀られる霊狐《れいこ》もある。たとえば伏見稲荷大社末社の白狐社《びゃっこしゃ》は、命婦専女神《みょうぶとうめのかみ》が祀られている。

【玉と鍵《たまとかぎ》】

狛犬の多くは口を開けた像と口を閉じた像（「阿《あ》」と「吽《うん》」）の対となっているが、稲荷神社の狐の像にも同様の形式が見られる。ただし狛犬と違って狐像には何かを口に咥《くわ》えているものがよく見られ、その代表的な品は玉と鍵《かぎ》である。鍵は米倉の鍵で、玉は穀霊の象徴という。他にも宝珠や稲穂、鎌、巻物（経文《きょうもん》）などを扱った様々な意匠がある。

【荼枳尼天《だきにてん》】

豊川稲荷《とよかわいなり》（妙厳寺《みょうごんじ》）など仏教系の稲荷信仰において、稲荷神と習合した神。インドでは本来、豊穣の女神として信仰されていたが、ヒンドゥー教では生殖や愛欲の神となる。そして仏教では人の心臓を喰らう悪鬼であったが、大黒天《だいこくてん》に化した毘盧遮那仏《びるしゃなぶつ》の力によって改心し、護法善神となったとされる。日本では狐にまたがる姿で表されたため、狐を神使とする稲荷神と結びついたといわれる。吒枳尼とも表記する。

【稲荷勧請《いなりかんじょう》】

祭神を別の場所でも祀るために分霊《ぶんれい》を受けることを勧請《かんじょう》といい、稲荷神の場合はとくに稲荷勧請という。稲荷神は本来の農耕神に加え、商業神また屋敷神としても信仰が広がったため、全国各地の幅広い層から勧請されて祀られた。

もっとも古い例は弘仁《こうにん》年間（八一〇〜八二四）、または承和《じょうわ》九年（八四二）に、陸奥守として赴任した小野篁《おののたかむら》が勧請したことに由来する、宮城県の竹駒《たけこま》神社とされる。江戸時代には交通の発達や稲荷信仰の隆盛にともなって、とくに勧請は増えた。

「正一位」の文字を刻んだ稲荷山中のお塚。

I 稲荷信仰の歴史

稲荷信仰のベースにあったのは、稲の神への崇敬《すうけい》だった。しかし今日、お稲荷さんといえば、商売繁盛や家内安全など、あらゆる願望成就を祈願する神さまとして知られている。なぜ稲荷神は、ただの農耕神にとどまらず、多様な現世利益《げんぜりやく》に応《こた》える神へと発展していったのか。稲荷神の何が、かように人々を惹《ひ》きつけていったのか——。その謎を解く鍵は、中世の時代に複雑な深化を遂げた神仏習合の信仰世界にあるのかもしれない。

稲荷神と如意宝珠
——密教との習合による新たな神格の獲得——

農耕神であった稲荷神は、平安時代以降、密教と習合することで大きく変容し、現世利益《げんぜりやく》をもたらす神として、さらには王位を守護する神として信仰を集めるようになる。そして中世末期から近世初頭には、稲荷行者と稲荷勧進僧《かんじんそう》によって全国に広がり、家内安全の守護神として各家庭にも浸透していった。

文＝松本郁代

現世利益をもたらす稲荷神の登場

平安時代末期以降の稲荷神は、新たに密教の尊格であるダキニ天[*1]と習合したことで、現世利益を求める人々によって広く信仰を集めた。そして、中世末期から近世初頭にかけては、寺院でダキニ天を祀る稲荷信仰が成立しはじめた。仏教寺院における稲荷は、愛知県の豊川《とよかわ》稲荷、岡山県の最上《さいじょう》稲荷などが有名であり、仏教の鎮守神として祀られている。

このように、稲荷神は多くの人々から信仰され、中世から近世初頭の時代を力強くかけぬけたのだが、その力の源泉には、稲荷の訓《よ》みが「稲成り」や「稲生り」であることからもわかるように、常に穀物や農耕に重要な「稲」を生み出す源となる生命力が存在していた。この生命力とは、何も農耕にかかわるものだけではなく、人々が豊かに生活を営み続けるために必要な

＊1　もとはインド神話に登場する戦いの女神カーリーの眷属《けんぞく》であったが、のちに人肉を食らう夜叉《やしゃ》神とされるようになった。仏教においては、大日如来が化身《けしん》した大黒天に降伏《ごうぶく》されて改心し、死者の心臓のみ食べることを許されたという。

茶吉尼天曼荼羅図

3つの顔と12本の腕を持った茶吉尼天《だきにてん》が中央に見える。この茶吉尼天は、茶吉尼天・弁財天・聖天《しょうてん》（歓喜天《かんきてん》）が合体した姿として表現されている。ここに描かれたさまざまなモチーフから、稲荷信仰や山岳信仰とのかかわりもうかがえる。室町時代前期の作。（大阪市立美術館蔵）

願望の成就や繁栄の意味も含まれていたのである。

南北朝時代に書かれた『稲荷記』によると、稲荷神は本来、「稲荷神ト世俗ニ中付《もうしつけ》タレトモ、御自称ハ愛法神也《あいほうしん》」とする「福徳敬愛《ふくとくきょうあい》ノ御本誓《ごほんぜい》」を旨とする信仰を集めていたとされる。この「愛法神」としての稲荷神への信仰は、主として、夫の愛を取り戻すためであったり、稲荷詣そのものに男女の縁結びが期待されるなど、異性との恋愛成就が祈られるものであったが、院政期にはいってからの稲荷神は、娘の入内《じゅだい》や母后《ぼこう》の地位を願う貴族らの信仰をも集めていったのである。

稲荷神は、平安時代から徐々に現世利益的な効能を期待され、恋愛や仕事をはじめ、結婚や出産に関する願望や成就など、身分の上下に関係なく日常生活に密接にかかわっていた神であった。稲荷神の現世利益的な神格は、平安時代中期以降、貴族が競って修《しゅ》させた密教修法《すほう》の諸尊の効能とも共通性を持つものであった。

そして、稲荷神は、このような密教の諸尊と習合することにより、より具体的な姿を持つ尊格として、社会に立ち現れはじめたのである。

如意宝珠に見立てられた稲荷山

東山三十六峯の最南端に位置した稲荷社は、都の人々の生命力を司る聖地として存在し、その中心であった稲荷神は、密教との習合により、複数の本地仏《ほんじぶつ》*2や意味を持った神であった。そして、その神格の所在は、稲荷山を中心拠点としながらも、密教の奥義《おうぎ》や秘伝とされた修法に稲荷神が登場したり、稲荷山の行者たちが参籠者《さんろうしゃ》に稲荷神の真言や託宣《たくせん》を下したりと、稲荷神は、稲荷山の内外でさまざまに登場し、その効能が説かれたのである。

また、稲荷山は、上・中・下の三峯から成るが、これらの峯には、それぞれ本地仏があてられ、「上ハ弁財天、中ハ聖天《しょうてん》、下ハ吒天《だてん》」と解釈されたり、この三峯そのものが、三弁の如意宝《にょいほう》

*2 この世の神々は、仏や菩薩《ぼさつ》が人々を救済しようとして、いろいろな姿であらわれた化身だとするのが本地垂迹《すいじゃく》説だが、そうした神々のもとの姿（仏菩薩）を本地仏という。

稲荷山寛文之大絵図
稲荷社祠官《しかん》・秦親臣《はたのちかおみ》（1724～1806）による模写。三ヶ峰が上ノ塚・中ノ塚・下ノ塚、現在の間《あい》の峯は人呼《ひとよび》塚と記されている。御前《ごぜん》ヶ谷（現・御膳谷奉拝所）などの名称も見える。（伏見稲荷大社蔵）

三弁の如意宝珠
稲荷山の三ヶ峰の神々を遥拝《ようはい》する御膳谷神蹟前《ごぜんだにしんせき》にて。苔むした石扉に、三ヶ峰を象徴していると思しき３つの火焔宝珠《かえんほうじゅ》が刻まれている。

珠《じゅ》を表すとされたり、弘法大師が如意宝珠をこの稲荷峯に埋めたのだという伝承もあった。

如意宝珠とは、如意のままに願望を叶える宝珠を意味し、密教修法のなかでも特に政治権力と結びついた修法に用いられた重要な法具《ほうぐ》であり、特権的な人々によって享受されたものである。しかし、このような如意宝珠に見立てられた稲荷山は、京における如意宝珠として、都で生きる人々の願望を受け入れてきた。

中世における稲荷山は、現地や神格も含め、密教的世界観によってすっかり覆《おお》われた時代であった。そして、これらの世界観のほとんどは、伝承にもとづくものだが、それが信仰の対象として受け入れられていたのが、中世という時代だったのである。

洛中の人々と稲荷社を結びつける祭礼

農耕神として東山に鎮座した稲荷神が、そのお膝もとである京の住民との関係を強くしたのが稲荷祭礼であった。稲荷祭礼は、三月の中《なか》の午《うま》の日に御旅所《おたびしょ》*3への神幸《しんこう》があり、四月の上の卯の日に稲荷社へ還幸《かんこう》するというもので、一説によれば、延喜八年（九〇八）にはじめられたとされる。

祭礼の行列の先頭には、金銀をちりばめた華麗な衣装をまとった馬長《ばちょう》が行き、平安時代末のその様は「十家之産《じっかのさん》」に及ばんとするものであったといい、それを見ようと人びとは七条大路に桟敷《さじき》を設けて見物した。また御旅所の周辺では、舞や手品などの様々な芸能が行われた。鎌倉時代以降になると、それまで朝廷や院の仰《おお》せによって勤仕《ごんし》された馬長役が、六条以南の富裕住民から選ばれるようになった。そしてこのような祭礼の費用は、京都の五条以南の氏子に課され、室町時代には風流《ふりゅう》が尽くされた多くの鉾《ほこ》や山が登場し、氏子圏と一帯になって盛大に行われたのである。しかし、応仁・文明の乱によって稲荷社や京の町が荒廃したことで、祭礼は次第に、以前のような華麗さを失っていく。

＊3　神社の祭事で神輿が渡御《とぎょ》する際に、本宮を出た神輿が、仮に安置される場所をいう。

＊4　京都市南区にある東寺真言宗の総本山。東寺は通称で、公称は教王護国寺。
＊5　中世には南大門から入ってすぐの中門（現存せず）前で神供を受けていたが、現在では、東門（慶賀門）前で行われている。

伏見稲荷大社御旅所
東寺の北東にある御旅所。かつては「油小路七条《あぶらのこうじしちじょう》」と「八条坊門猪熊《はちじょうぼうもんいのくま》」の2か所にあったが、豊臣秀吉の命により、ひとつに合わせてこの地に移されたという。

稲荷祭の御旅所は、現在は油小路《あぶらのこうじ》東寺道《とうじみち》（京都市南区）の北西にあるが、これは、天正年間（一五七三～一五九二）に豊臣秀吉がこの地に移座したもので、もともとの御旅所は、八条坊門猪熊《いのくま》と七条油小路の二か所にあり、それぞれ上（中）旅所、下旅所と称された。現在は、古御旅所といわれ、地名「古御旅町」が残っている。

還幸のさいは、御旅所を進発して東寺南大門＊4から境内に入り、八幡宮前で東寺から神輿《みこし》への神供《じんく》の儀をうけた後、南大門から九条通を東に向かい、鴨川以西の氏子圏を一巡し帰座したのである。この御旅所は、稲荷社と洛中《らくちゅう》の人々とを結びつける大切な「場」でもあった。

弘法大師と稲荷神の出会いを祭礼で再現

稲荷祭礼のさいに東寺で神供が行われるのは、稲荷神と弘法大師とが出遭《であ》ったという伝承にもとづく。それによると稲荷社が東寺の鎮守神となったのは、天長《てんちょう》四年（八二七）以降のことであるという。弘法大師空海に東寺が勅賜《ちょくし》されたのは、弘仁《こうにん》十四年（八二三）であり、東寺塔造営の用材として稲荷の神木を空海が伐採したという伝承も残っている。さらに、中世の縁起には、稲荷神と弘法大師とが出遭った場が、東寺南大門の前やその周辺などとされており、稲荷祭の還幸のおりに、東寺の南大門で神供を行ったこと＊5との関連が指摘されている。しかし、これらの縁起類は、中世に入り作られた伝承によるものであることから、その内容が京の人々に認識されるのは、中世に入ってからのことである。

また、『稲荷大明神流記』によると、稲荷社の祠官《しかん》であった荷田《かだ》氏の先祖に「龍頭太《りゅうとうた》」という者がおり、龍頭太は、和銅年中（七〇八～七一五）から稲荷山の麓《ふもと》に庵《いおり》を結び、昼は田を耕し、夜は薪《まき》を伐採することを生業《なりわい》としていたが、弘仁年間（八一〇～八二四）の頃に、稲荷山で修行を行っていた「弘法大師」と出遭い、「我ハ当所ノ山神也、仏法ヲ護持《ごじ》スヘキ誓願《せいがん》アリ、願《ねがわく》ハ大徳常《だいとくつね》ニ真密《しんみつ》ノ法味《ほうみ》ヲ授《さず》ケ給《たま》フヘシ」として、弘法大師の修行を守り、弘法大師も「深

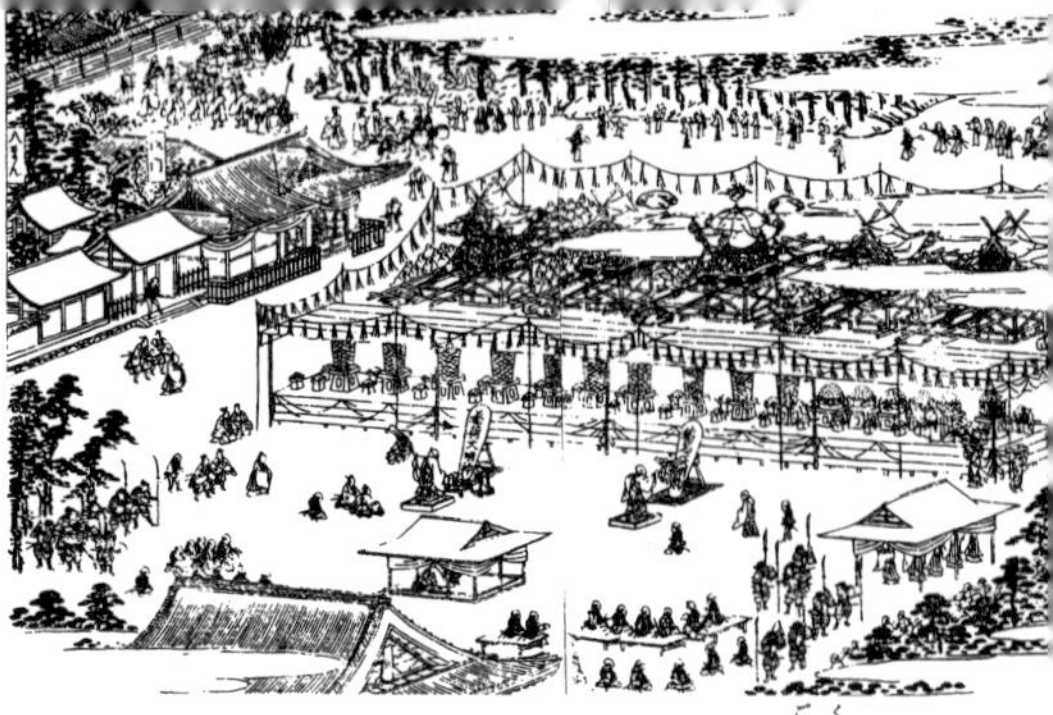

『拾遺都名所図会』より、東寺での稲荷神輿への御供《ごく》。

ク敬《けい》ヲ致《いた》シ給《たま》フ」として、「龍頭太」の「面顔《めんがん》ヲ写《うつし》テ彼《か》ノ神躰《しんたい》トス」とした伝承が残っている。そして、この面は、稲荷祭礼の際に神輿とともに出されているのだという。

御旅所還幸の折りに稲荷神輿が実際に東寺を巡ったのは、年に一度だけ弘法大師と稲荷神との邂逅が、祭礼のなかで実現される場面として、それがたとえ伝承であっても、人々の前に縁起が再現される唯一の舞台だったのである。

愛法神から王位をもたらす神への変容

中世に成立した稲荷縁起によると、稲荷神と弘法大師が出遭ったさいの稲荷神は老翁《ろうおう》の姿であり、顔から光が放たれ、その光は夜を照らす昼間のような光であったという。この稲荷神から放たれた光は、光り輝く「稲」の生命力そのものを表すものであった。そしてこの光は、稲荷神の使神である辰狐《しんこ》とも共通していた。

南北朝時代の記録によると、辰狐の尾には三古《さんこ》があり、三古の上には如意宝珠があるのだという。この如意宝珠は、三角の火の形であり、それを「宝珠又摩尼《まに》」の「燈火《とうか》」というのだとする。このように、稲荷神と辰狐は、共に暗闇のなかで自ら光を放つ力を持つ存在として解釈されていた。

さらに、この辰狐を崇《あが》めることによって、「国王」になるとも伝承された。そして、これら「光を放つ」存在が本尊となる修法が、辰狐と習合していたダキニ天を本尊とする「辰狐法」や「四海領掌法《しかいりょうしょうほう》」＊6と称された修法だったのである。

これらは、既成の秩序を超越した高い地位の獲得を可能とする修法であり、従来の稲荷神と異なる尊格として登場したものであった。高い地位とは、王位のことであり、この修法を行うことによって、王による世界の掌握が保証されるという信仰が存在していた。そして、王が即位するさいに、この「四海領掌法」が修され、もし王がこの修法を修さなければ、「王位」は

＊6　辰狐法は『鼻帰書《びきしょ》』に、四海領掌法は『天照太神口決《あまてらすおおみかみくけつ》』に詳細が書かれている。いずれも天皇が即位する際に行われる修法で、両手を左右の肩にかけるという所作《しょさ》がなされる点が、共通している。いずれの書物も南北朝時代に成立。

稲荷神の御影
白狐に乗り、左手と白狐の尾の先に如意宝珠、右手に稲穂をもつ老翁姿の古御影《こみえい》。常陸国《ひたちのくに》（茨城県）笠間《かさま》稲荷に伝わるお札である。（やよい文庫蔵）

武装形の「吒枳尼天像」。（吉水《よしみず》神社蔵）

軽いものになり、世界の掌握は不可能であるとも説かれていた。

さらに、この修法の対象者は、「王」に限ることなく、諸寺の僧や俗人も行うことができ、この法を伝持する者は、「分々ノ高位」を自在に得ることができるとされた。そして、稲荷社が東寺の鎮守であることの由縁は、天皇の「御即位ニ付ク秘事ナリ」とまで説かれていた。

このように、南北朝時代における稲荷神は、それまでの愛法神としての神格から、東寺の鎮守神＝稲荷神の使神である辰狐がダキニ天と習合したことで、ダテン法[*7]の本尊として、社会的秩序の維持と破壊とをもたらす尊格として登場したのである。

後醍醐天皇を導いた「みつのともし火」

室町時代に成立した南朝側の説話集『吉野拾遺《よしのしゅうい》』上には、延元元年（一三三六）、後醍醐《ごだいご》天皇が幽閉されていた花山院《かざんいん》を出て、吉野へ赴《おもむ》く際のエピソードが記載されている。これによると、吉野へ向かう過程で、道が暗くなったことから、「こゝはいづくのほどにや」と尋ねたところ、「いなりの御やしろのまへ」であったという。そこで後醍醐天皇の御歌として、

むば玉の　くらきやみじに　まよふ也　吾にかさなん　みつのともし火

と詠《よ》み伏して拝んだところ、「みやしろのうへよりいとあかき雲一村むらだち出《いで》きて、りん幸の道を照《てら》しをくりて、やまとのうぢやまにいらせ玉へば、雲はかねのみたけのうちにて消《きえ》うせにけり」として、「みつのともし火」を持つ稲荷神が峯から降臨し、天皇の道筋を照らした、という伝承である。

この「みつのともし火」とは、辰狐の尾にある「三古」の「如意宝珠」を示唆するものであり、それが光を放ち、後醍醐天皇の夜道を導いたというものである。少なくともこのような伝承が登場した南北朝時代には、王位を襲う権利が唯一あった天皇を守護する神としての稲荷信仰も成立していたのである。

＊7　ダキニ天を本尊とする修法の総称。ダテン法、ダキニ天法ともいう。

後醍醐天皇
天皇ゆかりの奈良県吉野山・吉水神社に伝わる肖像画。みずからダキニ天法を修したといわれる帝らしく、両手に密教法具をもつ。

稲荷神の生命力と密教の如意宝珠の力

南北朝時代に天台宗の学僧がまとめたテキストには、稲荷神の「稲」が密教的世界観によって解釈されているものがある。その記事によると、「稲」を荷っているダキニの別名は、「真陀《しんだ》摩尼珠《まにしゅ》」ともいい、人間世界を含む「欲界《よくかい》」の「貪欲強盛《どんよくごうじょう》」な「衆生《しゅじょう》」のために、「摩尼珠」によって「万宝」を雨《あめふら》し、衆生に与える尊格であるとする。そして、「稲」は、「宝幢《ほうどう》」（仏法）の「如意珠」（如意宝珠）と習うことから、古来より、如意珠と同一視されていた「舎《しゃ》利《り》」が変成して「米穀」となるのだともいう。

この説によると、密教修法で強力な力を発揮した如意宝珠は、「稲」であるとともに、「米穀」としての「舎利」や「真陀摩尼珠」とも同一視されていたのである。この「真陀摩尼珠」とは、また、稲荷神と習合していたダキニ天の別名であることから、「ダキニ」――「真陀摩尼珠」――「如意宝珠」――「舎利」――「米穀」――「稲」という稲をめぐる密教の連想が、稲荷信仰に結びついていたことが判明する。

さらに同じ時期、鎌倉にほど近い金沢文庫に伝来するテキストには、「吾朝ノ稲荷大明神ハ即《すなわ》チ此尊《このそん》也リ、イネ（稲）ニナ（荷）ヒ玉ヘル事ハ、右ノ印明《いんみょう》ノ中ノ米立大事也リ」として、「稲」から連想される「米立大事」の印明の内容が記されていた。印明とは、本尊を両手で表現する「印」と、口で唱える真言「明」のことで、また「米立大事」とは、合掌して、稲荷峯の中峯のパワーを開くというものである。

その「印」の形は、「籾《もみ》」であり、「籾」の先に「穴」があり、その「穴」から「天地ノ精気」を受け、それによって「即チ又カノ穴ニ果実ノ美花ヲ開ク」という意味のものである。これは、「稲」から「籾」が連想され、さらに籾の「穴」から天と地の力を得て、稲を実らせることができるという大事の内容である。つまり、秋の稲穂が実るエネルギーを

幕末期の伏見稲荷大社『再撰花洛名勝図会』所収の「三ヶ峰《みつがみね》麓《ふもと》稲荷社《いなりしゃ》」より。文殊堂《もんじゅどう》や大師堂など、神仏分離以前の堂社も描かれている。

＊8　金春禅竹。世阿弥《ぜあみ》に師事し、その娘婿《むすめむこ》となる。著書『明宿集』によれば、一族の遠祖《えんそ》は、聖徳太子の寵臣であった秦河勝《はたのかわかつ》であるという。

稲荷神の神格に解釈しているもので、稲荷神の生命力そのものを密教的に説明したものである。

中世は神仏習合の時代であり、神が密教によって解釈された時代でもあった。このように、稲荷をモチーフとする密教的な解釈は、農耕神である稲荷神の生命力から発生するエネルギーが、密教の如意宝珠の力と結びつけられることで成立したものであった。鎌倉時代から南北朝時代における稲荷神は、神話と密教による重層的な世界観によって裏付けられた「稲」の生命力を与える信仰の神として、京の内外に登場したのである。

稲荷行者や勧進僧による信仰の拡大

以上のように中世の稲荷神は、密教と習合しながら様々な信仰を生み出したが、中世末期から近世初期は、全国的に稲荷神が各寺社に勧請《かんじょう》された時期であった。そして、稲荷信仰が全国的に展開する契機となったのが、稲荷行者や稲荷勧進僧による活動であった。

能役者であり、能作者でもあった金春《こんぱる》座の禅竹《ぜんちく》＊8は、応仁元年（一四六七）六月二十七日、稲荷社へ参籠《さんろう》した。禅竹は稲荷山の文殊堂《もんじゅどう》に参籠している間、さまざまな神秘的な体験を稲荷行者から得ていた。

禅竹の参籠日記によると、参籠中、禅竹は、「霊夢」のなかで弘法大師から「世出世之法、神道仏法」を得たことや、稲荷山で「日輪」を見たという話が記されており、稲荷行者による摩訶不思議な霊験《れいげん》と霊場稲荷山の実態が描き出されていた。稲荷山は、参籠の場として稲荷行者の霊験を仰《あお》ぐ人々の信仰も集めていたのである。

また、同じ頃、稲荷勧進《かんじん》僧による活動も行われた。勧進とは、寺社堂舎の造営や修復などのために金品を募集することで、寺社の縁起や霊験などを説きながら全国を遊行《ゆぎょう》した僧を勧進僧や勧進聖《ひじり》ともいった。稲荷の本願所《ほんがんしょ》に所属する勧進僧の活動は、室町時代からみられるが、本願所とは、この場合、稲荷社の信仰と勧進を受け持つ組織のことであった。

稲荷社の勧進僧が歴史上に登場するのは、応仁・文明の乱が終わるか終わらないかの時期であった。京を灰燼《かいじん》に帰した応仁・文明の乱は、室町将軍たる足利義政《あしかがよしまさ》の後継争いに端を発し、武家は幕府管領であった細川勝元《かつもと》の東軍と山名持豊《やまなもちとよ》（出家後は山名宗全《そうぜん》）の西軍に分かれ、戦が繰り広げられたのである。

稲荷社の内部でも、神主家の秦《はた》氏と、祠官家で御殿預《ごてんあずかり》・目代《もくだい》の荷田《かだ》（羽倉《はくら》）氏との家格をめぐる対立関係がこの戦乱に巻き込まれ、骨皮道賢《ほねかわどうけん》*9と組んだ羽倉氏によって、稲荷社の上社が東軍側の陣となった。結局、稲荷社は西軍に攻められ、道賢は南門にさらし首にされたが、稲荷山の神祠は「一時焼灰」の状態になり、見る者の悲しみを誘ったと伝えられている。このような状態の稲荷社を復興に導いたのが稲荷勧進僧であった。

江戸時代には「家内安全」の守護神へ

本願所における稲荷勧進僧や稲荷行者によって広められた稲荷信仰は、中世で展開した稲荷神の密教的尊格を受け継いだもので、現世後生《ごしょう》の得益《とくえき》・福徳・敬愛《けいあい》・富貴《ふうき》を念じながら願望の成就を願うものであった。

その後、江戸時代に入り、稲荷本願所は、三代目を受け継いだ天阿《てんあ》という僧によって愛染寺《あいぜんじ》と称するようになった。この天阿以降、愛染寺における稲荷信仰は、稲荷の神使であるキツネ信仰と結びつき、愛染寺の秘法とされたキツネ憑《つ》きを落とすための加持《かじ》や、魔障《ましょう》を退散する祈禱《とう》などが行者によって行われたのである。

また、江戸時代には、日蓮宗や法華宗《ほっけしゅう》の寺院でも法華経の教義にもとづき、稲荷神が五穀豊穣や家内安全などを守護する神として勧請されはじめ、キツネ憑きが流行していたことと相俟《あいま》って、稲荷信仰は、神道系の稲荷社のみならず、仏教系の寺院、そして民間の家々にも広がっていったのであった。

*9　応仁の乱で細川勝元の足軽大将として、東軍に属して戦った。稲荷山に拠点を置き、ゲリラ的な戦術を担当したという。

松本郁代（まつもと・いくよ）　横浜市立大学准教授。中世の王権と宗教との相関性などについて研究を進めている。著書に『中世王権と即位灌頂――聖教のなかの歴史叙述』（森話社）があるほか、論文に「稲荷社の『秘所霊神』と弘法大師――中世における文殊堂とダキニ法――」（『朱』五一号、二〇〇八）などがある。

視点3

稲荷山をめぐる神仏イメージ

文＝中村雅彦

●古くは蛇神・龍神信仰の山

伏見稲荷山はもともと蛇信仰（龍神信仰）の中心地であった。

古代から我が国には蛇信仰があったわけだが、伏見稲荷山地区に渡来系の秦《はた》氏が稲荷神を祀り始める前は、紀《き》氏＝三輪《みわ》系、賀茂氏系の古代氏族の管轄地だったとされている。今でも藤森《ふじもり》神社が伏見稲荷大社まで「土地返せ」といって神輿《みこし》で押しかけてくる祭り（藤森祭）があるが、藤森神社はそもそも稲荷山地区の産土神《うぶすながみ》であり、紀氏・賀茂氏系の神である。そして賀茂氏は龍蛇神《りゅうだじん》を祀っていたことが知られている。ということは、そもそも稲荷山は蛇神・龍神信仰の対象（神奈《かんな》備《び》）だったことを示している。

現に今でも稲荷山を「お山する」と、至るところに滝がある。これらは古代から山林修行者の行場になっていたし、現代でも龍神を祀っている。稲荷神は山の神であり、本来は龍蛇を眷族に従えていた。その後、平安時代には蛇信仰から狐信仰へと交代し、やがて荼吉尼天信仰に結びついていった。

ところで、稲荷山と仏教とのつながりは、空海の高弟、実慧《じちえ》が東寺《とうじ》（教王護国《きょうおうごこく》寺《じ》）造営の指揮を執ったころに始まる。

平安初期の稲荷山には、すでに朝鮮からの渡来人秦氏の祖霊、山神、穀霊としての稲荷社が祀られていた。またこの時代には、山林修行者が多数入り込んでいた。稲荷山には二十一を数える滝があり、修行場として最適な条件も兼ね備えていたのである。稲荷山から採材を行うにあって、実慧はこういった稲荷山の宗教事情に十分精通していたと考えられる。

●稲荷山五峰に鎮座する神仏

稲荷山は修験者の聖地でもあった。たとえば、越前出身の行者で白山《はくさん》修験道の開祖・泰澄《たいちょう》は、養老《ようろう》三年（七一九）に白山を開いたのち、吉野山、稲荷社、阿蘇山で次々に奇跡を顕したと伝えられており、とくに稲荷山では本地観世音の女神を見ていたと伝えられている。[*1]

いずれにしても、奈良平安時代の稲荷山は鞍馬山《くらまやま》、愛宕山《あたごさん》と並んで修験者の集結する霊場であり、東寺の密教僧の山林修行の実践現場としても利用されていたことは確かである。

一例をあげてみよう。中世の神仏習合思潮に基づいて論じるならば、伏見稲荷山の五つの峰には稲荷神に由縁のあるさまざまな神仏が鎮座していることになっている。これは神仏が分離されて久しい現代にあっては、ほとんど知られていないことである。

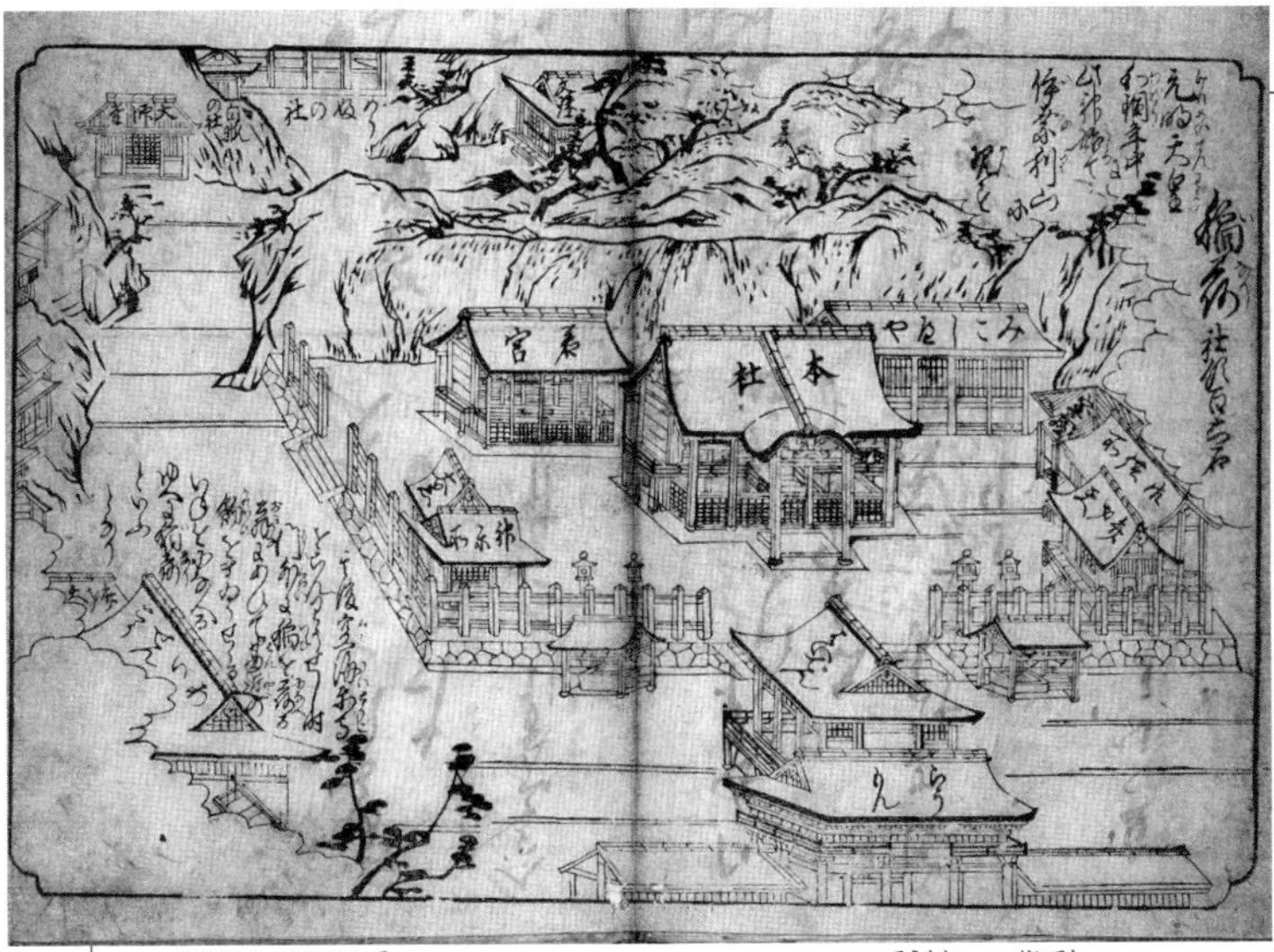

『宝永花洛細見図《ほうえいからくさいけんず》』（1704年）巻八より「稲荷社」。楼門《ろうもん》から拝殿《はいでん》、本殿などの配置は現在と同じだが、その周囲にある大黒《だいこく》、弁才天《べんざいてん》、わいせんどう（愛染《あいぜん》堂《どう》）、背後の文殊、大師堂《だいしどう》など、神仏習合時代の境内の様子を伝えている。

十四世紀の『稲荷記』[*2]には次のように記されている。

○東の峰―大威徳《だいいとく》・天《あま》照大神《てらすおおみかみ》・吒枳尼天《だきにてん》
○南の峰―降三世《ごうざんぜ》・丹生《にう》明神《みょうじん》・訶梨帝母《かりていも》
○西の峰―愛染《あいぜん》・弁才天《べんざいてん》
○北の峰―不動《ふどう》・三大神
○中の峰―稲荷神・阿弥《あみ》陀《だ》・辰狐王《しんこおう》

したがって、伏見稲荷大社に参拝し稲荷山を巡るという行為は（その意識のルーツをたどれば）、ここにあげたような神仏との交感をも意味するわけである。

また、真言宗の根本道場である教王護国寺（東寺）にある「稲荷大明神像」には、中央に白狐にまたがった荼吉尼天を配し、右側には弁才天、左側には聖天《しょうてん》が合体した姿で描かれているが、後二者はいずれも荼吉尼天と同体とされる天部の仏である（77ページ参照）。

東寺には今でも稲荷神を祀る社（八嶋社）が現存し、稲荷祭では御旅所《おたびしょ》から伏見稲荷に還幸《かんこう》する神輿がここに立ち寄るなど、深い関係を偲ばせている。

●「稲荷一族」となった神仏たち

ちなみに、稲荷神と蛇神とのつながりは、今に伝わる伏見稲荷の「御絵札」（53ページ参照）からもうかがえるが、それを如実に表しているのが、「天河秘《てんかわひ》曼陀羅《まんだら》」である。ここでは天河弁才天が三つの首を持った蛇女の姿で描かれており、その眷属《けんぞく》として多くの蛇と狐が取り巻いているのだ。なお、蛇神（宇賀神《うがじん》）と習合した弁才天を宇賀《うが》弁才天《べんざいてん》というが、宇賀神は伏見稲荷の主祭神である宇迦之御魂神と同様の穀霊神・福神である。

ここに登場してくる神仏は、少なくとも中世の神仏観から見ればすべて稲荷神の化身あるいは「稲荷一族」という風にも理解できる。さらにいえば、江戸時代の信仰では稲荷明神（荼吉尼天）の本地（隠れ身の本体）は大日如来である。*3 また、観世《かんぜ》音菩薩《おんぼさつ》の垂迹《すいじゃく》（具現化イメージ）が稲荷神、文殊菩薩《もんじゅぼさつ》の垂迹が稲荷神であるとする教えも残っている。

稲荷神は密教や修験と習合していく過程において、さまざまな神仏との関連づけが進んだ神である。したがって、自分は弁財天や不動明王を信仰しているから稲荷神は関係ないとか、自分は天照大神を尊信しているからお稲荷さんにはお参りできないといった思い込みは、この神仏観の脈絡では意味をなさない。

さらに荼吉尼天は外法《げほう》の神であり、鬼《き》神《じん》だから敬遠するという感覚も、その本地である大日如来《だいにちにょらい》をも遠ざけることになりはしないだろうか。神仏習合というフィルターを通してみれば、どれも「一族」、「一家」なのである。

（立命館大学大学院講師）

「天河秘曼陀羅《てんかわひまんだら》」（奈良・能満院蔵）。背後に描かれる三ヶ峯・三宝珠《ほうじゅ》は、稲荷山のそれと同じく、三狐神《みけつかみ》（御饌つ神）の象徴である。

＊1　大江匡房『日本神仙伝』（平安中期）による。ちなみに泰澄は、呪文によって自在に石を飛ばしたり止めたりといった物体飛行のほか、自らも一瞬の間に別の場所へ移動するといった業を得意としたとされる。

＊2　『稲荷記』（正慶元年／一三三三年）現存する最古の仏教稲荷縁起。（伏見稲荷大社編『稲荷大社由緒記集成　信仰著作篇』所収）

＊3　このことは、密教行者の修法である「荼吉尼天法」の冒頭に大日如来の真言が出てくることからもわかる。ちなみに大日如来は、真言系の神道説では天照大神の本地である。

伏見稲荷大社楼門前に鎮座する神使像。

Ⅱ 霊狐をめぐる信仰

玉（宝珠《ほうじゅ》）や鍵、ときに巻物や稲束を口にして、狛犬《こまいぬ》に代わり社前に鎮座している「お狐さん」。お稲荷さんの神使《しんし》、眷属《けんぞく》であるキツネ（霊狐《れいこ》）は、神と人との間を取り持ち、稲荷神のメッセンジャーとなって人々のもとにあらわれるという。ではなぜ稲荷神とキツネは結びついたのか、そのマジカルな力は何に由来するのか——。密教、陰陽道、修験道などから、霊狐にまつわる思想を抽出し、解き明かしてみたい。

習合神としての稲荷神

──イナリと狐の精神世界の深層──

本来は神の眷属《けんぞく》（使い）ある狐が、なぜ稲荷神と同一視されてしまうのか、稲荷神の姿はなぜ、稲を持った翁と狐に乗った女神という両極端のイメージで伝えられたのか。ここでは、さまざまな信仰と結びついた習合神としての稲荷神の姿を解き明かしてみたい。

文＝中村雅彦

密教と結びついた稲荷信仰

まずは、東寺に伝わる「稲荷《いなり》大明神《だいみょうじん》流記《るき》」＊1から、真言密教と稲荷神との関係を如実に表す伝説を要約してみよう。

──弘仁《こうにん》七年（八一六）、空海は紀州・田辺で稲荷神の化身である異相の老翁《ろうおう》に出会った。身長約二メートル四十センチ（八尺）、骨高く筋太くして、内に大権《たいかん》の気を含み、外に凡夫《ぼんぷ》の相を現していた。翁は空海に会えたことを喜んで言うには「自分は神であり、汝《なんじ》には威徳《いとく》がある。今まさに悟りを求め修行するとともに、他の者も悟りに到達させようと努める者になったからには、私の教えを受ける気はないか」

空海はこう述べた。

＊1　『稲荷大明神流記』（十四世紀）は「東寺執行《しぎょう》代々相傳秘本《だいだいそうでんひほん》」と伝わるもので、紀伊国で空海が異相の老翁と出会い、東寺の鎮守神になった経緯を述べた短編を主文とした文書。（『稲荷大社由緒記集成』信仰著作篇・所収）

「高野大師行状図画《こうやだいしぎょうじょうずが》」より「稲荷契約時」。稲荷神が東寺の南門に訪れ（右）、空海が稲荷山に神を導く（左）。

「（中国の）霊山において、あなたを拝んでお会いしたときに交わした誓約を忘れることはできません。生の形は違っていても心は同じです。私には密教を日本に伝え隆盛させたいという願いがあります。神様には仏法の擁護をお願い申し上げます。京の九条に東寺という寺があります。ここで国家を鎮護するために密教を興すつもりです。この寺でお待ちしておりますので、必ずお越しください」と仲むつまじく語らい会って、神の化身と空海は盟約を結んだ。

弘仁十四年（八二三）正月十九日。空海は天皇より東寺を賜り、真言の道場とした。同年四月十三日。紀州で出会った神の化身が稲を担ぎ、椙《すぎ》の葉を持って、ふたりの婦人とふたりの子供を伴って東寺の南門に再びやって来た。空海は大喜びして一行をもてなした。心より敬いながら、神の化身に飯をお供えし、菓子を献じた。その後しばらくの間、一行は八条二階の柴守《しばもり》の家に寄宿したが、その間空海は京の南東に東寺の造営のための材木を切り出す山を定めた。また、この山に十七日のあいだ祈りを捧げて神に鎮座していただいた。これが今の稲荷社（伏見稲荷）である。また、八条の二階堂は今の御旅所である——。

この伝説を、空海らの密教勢力と秦《はた》氏、荷田《かだ》氏ら神道勢力の政治的利害関係の一致を象徴するエピソードと理解するのが歴史学的見解というものであろうし、それはそれとして妥当な面もあるだろう。

一方、室町時代、応仁《おうにん》の乱以後から京都の勧進聖《かんじんひじり》が各地を回って伏見稲荷の神徳を説いて復興のための寄付を募った頃から、稲荷信仰が全国各地に普及していった。以後、江戸時代には、伏見稲荷の本願所愛染寺《あいぜんじ》の勢力が仏教稲荷を全国に知らしめたのである。

仏教系の本願所が稲荷山に成立したのは、記録上、応仁の乱以後十五世紀後半の頃であり、十七世紀（江戸期）以後確立された。本願所愛染寺の住職天阿《てんあ》上人（一五九八〜一六七四）は、真言密教に則って神仏習合的な稲荷の行法を体系化していった人物である。天阿上人は、中世から近世にかけて流行した稲荷神の使いとしての狐＝眷属信仰に深く関与している。愛染寺では狐落としの祈禱を行い、稲荷系シャーマンの養成も行っていた。

真言密教と稲荷神との密接な関係については、現代でも稲荷祭——伏見稲荷大社から神輿《しんよ》が繰り出して東寺（教王護国寺）の丑寅《うしとら》（北東）の方角にある御旅所に向かい、さらに御旅所を発って東寺東門の前で供物《くもつ》を受け、伏見稲荷大社に還幸《かんこう》する——の存在を見ても歴然としている。今でも稲荷神は東寺の守護神なのである。

霊狐信仰の歴史と安倍晴明伝説

もともと、日本の動物信仰は蛇信仰が弥生《やよい》時代以来根強く、狐を神使《しんし》（ミサキ）として信仰するようになったのは平安時代になってからの話である。稲荷と狐の精神世界を語る上で、狐信仰の時代的な変遷をまとめておこう。

一、七世紀—最初に日本で狐信仰をはじめたのは当時の支配階級（皇族、豪族）だった。中国の俗信の影響を受け、白狐が出没するとよい兆《きざ》しであると考えられた（『日本書紀』に記録あり）。

二、八世紀—中国から妖狐《ようこ》の観念（九尾狐《きゅうびきつね》など）が流入し、狐の行動を一種の怪異とみるとらえ方が日本でも成立した。

三、九世紀—狐が化ける、人に取り憑《つ》くという信念は、九世紀初めの近畿地方で形成されたイメージである。人に変身する、人間と結婚して人の姿をした子どもを産む、人に憑《つ》いたり、様々な怪異をなすと信じられはじめたのもこの頃からである。

四、十世紀—狐憑き、狐落としの説話が盛んに作られるようになる。善悪両面をもった狐のイ

＊2　初世竹田出雲《たけだいずも》による浄瑠璃『蘆屋道満大内鑑《あしやどうまんおおうちかがみ》』（享保《きょうほう》十九年／一七三四）。説経節《せっきょうぶし》「信太妻」（「信田妻」とも）などをもとに成立。一連の物語は、歌舞伎の通称「葛《くず》の葉」でも知られている。

メージができる。
五、十一世紀―狐と人間が交流するパターンの説話ができる。人をだます。人をからかう。人を試す。京都では庶民の間で、異性に対する恋愛成就、縁結び、火災予防など現世利益信仰の対象として、狐が拝まれるようになった。
六、十二世紀以降―稲荷神、宇賀弁財天《うがべんざいてん》、荼吉尼天《だきにてん》、霊狐のイメージ習合が完成した時期である。密教と陰陽道《おんみょうどう》が妖狐、霊狐信仰に強い影響を及ぼすようになった。

――このようなイメージの変化を伴いながら中世になっていく。大陰陽師・安倍晴明（九二一～一〇〇五）が活躍した時代は、妖狐、霊狐の観念がすでに成立していた時代である。晴明が狐の子であるという伝説は、江戸時代の古浄瑠璃「しのだづま」※2によって広く流布した。

安倍晴明の母・葛葉姫《くずのはひめ》の画像。（大阪・阿倍王子神社蔵）

晴明の母は大阪・和泉の信太森《しのだのもり》に住む霊狐（信太明神）であったとされている。「信太の狐火《きつねび》」といわれるように、信太地区には昔多くの狐が生息しており、狐信仰も強かったようだ。その母が人間の男と結婚して産まれた子どもが晴明であったと「しのだづま」では語る。晴明の霊力の強さは、この霊狐から受け継いだものだというのである。

江戸時代の陰陽道は、中央の土御門《つちみかど》家、賀《か》茂《も》家に対して、全国津々浦々を回っていた民間陰陽師《おんみょうじ》の活躍が大だった。在野の陰陽師たちは密教や民間信仰を取り込んで、霊狐信

京都・晴明《せいめい》神社の摂社・齋《いつき》稲荷社。

仰も対象にしていた。陰陽師は霊狐を操り、その霊力、呪力を誇示するために晴明の母を狐に仕立て上げたのだと考えられている。

陰陽道と稲荷信仰との密接な関係

密教と陰陽道の習合は、六字経法《ろくじきょうほう》や茶吉尼天法といった密教の修法の中に見て取ることができる。六字経法は九世紀に成立した加持祈禱《かじきとう》の方法であり、鬼魅《きみ》の憑依《ひょうい》を退け、相手が発する呪詛《じゅそ》を解くために開発されたものである。特にこれは狐憑きを解除するために使われており、天狐《てんこ》、地狐《ちこ》、人形《ひとがた》と称するものを作って焼き、依頼者に飲ませるという呪詛除けの方法が含まれている。九世紀の宮廷社会では狐による憑依現象が続発し、物《もの》の怪《け》というと狐を連想させるくらい、呪詛として狐を憑ける行為が横行した。

中国では、狐は五十歳になると人間の女性に化け、百歳になると美女となり神巫となる。または、たくましい男性に化けて女性と交わりをもつと信じられていた。そして千里眼《せんりがん》を使い、妖術を使い、人間を惑わすとされ、さらに一千歳を越える狐は、天と通じて天狐となるといわれたのである。

日本では天狐は鳥類、天狗《てんぐ》とされ、地狐は霊力を持った狐とみなされた。やがて時代が下ると、天狐＝天災、地狐＝地災、人狐（人形）＝人災という意味に変わっていく。

茶吉尼天法は、宇賀弁財天を原型にしてイメージが作られていった天部の仏だが、大黒天《だいこくてん》、弁財天《べんざいてん》、歓喜天《かんぎてん》、茶吉尼天を召喚するための呪法には、陰陽道的なやり方が取り入れられていた。

たとえば、伏見稲荷大社に伝わる茶吉尼天法の祭文には、

謹請《きんしょう》東方青帝地狐木神御子《ちこもくしんみこ》

謹請南方赤帝地狐火神《かしん》御子

＊3　平安時代、中国では狐のことを野干（射干）と称したと伝わり、狐の別名を野干と呼ぶようになったそうだが、実際には中国語の野干とはジャッカルのことであり、ダーキニーはジャッカルを眷族に従える神ということになる。

謹請西方白帝地狐金神《ごんしん》御子
謹請北方黒帝地狐水神《すいしん》御子
謹請中央黄帝地狐土神《どしん》御子
謹請野干博士《やかんはくじ》野干御子
謹請長髪美麗辰狐《しんこ》御子

という一文があり、地狐と方位、五行《ごぎょう》が対応していることがわかる。つまり、東西南北と中央にそれぞれ五行の気を表す霊狐がいて、それぞれに呼びかけ、召喚《しょうかん》するというわけである。ちなみにこの祭文の中の野干*3とは、荼吉尼天の眷族であるジャッカル、辰狐とは辰狐天王という霊狐の大ボスである。

京都の晴明神社では、本社よりは末社（齋《いつき》稲荷社）に意味がある。晴明神社は晴明没後の一〇〇七年の創建だが、そもそも時の一条《いちじょう》天皇の勅命《ちょくめい》により、稲荷大神の御分霊《ごぶんれい》を祀らせたことに始まったという。創建時から稲荷が祀られたということは、晴明が稲荷にまつわる呪法——霊狐を召喚して霊力を使う——を行っていたことの間接的証拠であるかもしれない。まったく縁のない神を祀るはずがないからだ。

晴明が活躍した十世紀は京都に狐信仰は定着していたわけだし、伏見稲荷もすでに存在していた。そして、稲荷山には山林修行者の行場としてあちこちにお滝行をする場所があった。晴明も稲荷山で修行を積んでいた可能性もある。江戸時代の民間陰陽師が晴明を狐の子と吹聴したのは、陰陽道の宣伝のためだったであろう。だが、陰陽師が霊狐を操ることはあったはずだし、日本の信仰

陰陽道の伝説的始祖・安倍晴明。（阿倍王子神社蔵）

史を語るうえで、陰陽道と稲荷信仰は密接な関係にあるという結論に到達するのである。

荼吉尼天＝稲荷の女神という信仰の発生

弥生時代以降、水神、地のカミとして蛇信仰が倭人（弥生人）に広く浸透していたことは周知の通りである。蛇信仰は中国の陰陽五行説の影響を受けて龍信仰と合体し、龍蛇神《りゅうだしん》の信仰として原神道につながっていく。

やがて仏教が伝来し、インド、中国から神仏のイメージが伝わってきた。日本仏教は最澄、空海らの密教請来によって新たな段階を迎えるのだが、日本人は曼荼羅に描かれた神仏＊4を中国流、インド流の形そのまま受け入れたのではなく、弥生の昔から連綿と受け継がれてきた土着のカミに対する信仰と融合させる形で、独自の仏教へと練り上げていったのである。また、中国の道教的な思想は神道とフュージョンする形で陰陽道に発展し、古くからの神祇《じんぎ》信仰、特に山岳信仰は仏教思想と融合する形で修験道になっていった。

中世以後、神仏習合はすっかり定着し、神社の中にも神宮寺《じんぐうじ》、別当寺《べっとうじ》としてお寺が建てられた。荼吉尼天はその習合のプロセスの中でできてきた神仏イメージである。

荼吉尼天の原型はインドの夜叉神《やしゃじん》ダーキニーから来ている。ダーキニーは愛染明王《あいぜんみょうおう》の前身であり、その起源はインドのパラマウ地方（ベンガル地方の南西部）に居住していたドラヴィダ族の一部族、カールバース人が地母神《ちぼしん》の配偶者として信仰していた女神であり、元は農業神だった。その後、性や愛欲を司る女神とされ、紀元前3世紀頃のインドで流行し、紀元3世紀ころにはさらに大憤怒《だいふんぬ》の性格を持つ凶暴な神で、人肉を食らうとされるに至っている。

これが仏教に取り入れられていくと、鬼神夜叉《きじんやしゃ》の類とされ、人の肉を食らう恐ろしい神となった。

『大日経疏《だいにちきょうそ》』では、大日如来《だいにちにょらい》が大黒天に変化して、ダーキニーを退治し、調伏《ちょうぶく》させるという

＊4　『大日経《だいにちきょう》』の世界観を図顕した胎蔵曼荼羅《たいぞうまんだら》の外《げ》金剛院部《こんごういんぶ》には、ダキニは左図のような三人の夜叉《やしゃ》の姿で描かれる。

チベットの仏画に描かれたインドの女神・ダーキニーと、「胎蔵曼荼羅」に見えるダキニ鬼女（右）。

逸話がでてくる。この調伏以来、ダーキニーは人の生肉を食べるのを禁じられ、死肉なら食べてもよいと許可されたそうである。さらに、人の死をその6ヶ月前に予知する能力を大日如来から授けられ、この神通力を得るために人々はダーキニーを信仰するようになった。

ダーキニーが荼吉尼天となって日本に浸透していくプロセスには、複雑なものがある。ひとつには、紀元前後のインドの愛欲神としてのダーキニーのイメージ、すなわち食人（カンニバリズム）＝性愛関係のイメージが、中国に伝わる男性の精液を吸い取る妖狐の伝説と結びついて、荼吉尼天と狐のリンクが生じたといわれている。

加えて密教が日本に伝わったとき、ダーキニーは農耕神としての稲荷神のイメージとも重なり、さらに狐の妖艶さのイメージとも結びついて、稲荷と狐のあいだに観念上の統合が生じていったのではないだろうか。

ともあれ、こうして荼吉尼天は白狐にまたがった稲荷の女神としてイメージされるようになった。仏教稲荷として有名な愛知県の豊川《とよかわ》稲荷（妙厳寺《みょうごんじ》／曹洞宗）の豊川吒枳尼眞天《だきにしんてん》、岡山県の最上《さいじょう》稲荷（妙教寺《みょうきょうじ》／日蓮宗）の最上位経王大菩薩《さいじょういきょうおうだいぼさつ》はいずれも、この女神イメージをかたどっている。

宇賀弁財天と結びついた稲荷の御影

荼吉尼天の女神イメージは、実は、弁財天のイメージを参考に室町時代になって確立されたものなのである。この段階で弁財天と荼吉尼天がリンクしてくる。いくつかの弁財天イメージの中でも、とくに宇賀弁財天がその原型になっているのである。宇賀弁財天のウカとは稲荷大神の主神「宇迦之御魂大神《うかのみたまのおおかみ》」のウカでもある。

宇賀弁財天＝蛇

最上位《さいじょうい》経王《きょうおう》大菩薩《だいぼさつ》の御影《みえい》。岡山県にある最上稲荷教総本山妙教寺《みょうきょうじ》の本尊。寺伝によれば、天平勝宝《てんぴょうしょうほう》4年（752年）、報恩《ほうおん》大師が孝謙《こうけん》天皇の病気平癒の勅命を受けて吉備山中の八丈岩で修法《しゅほう》し、感得したという。稲束を担い、鎌を手にする姿で表される。（やよい文庫蔵）

茶吉尼天＝狐

この両者は眷族が異なっているが、実は伏見稲荷山はもともと蛇信仰（龍神信仰）が中心だった。弥生の古代から蛇信仰があったわけだが、伏見稲荷山地区に渡来系の秦氏が稲荷神を祀り始める前は、紀氏《きし》＝三輪《みわ》系《けい》、賀茂氏系の古代氏族の管轄地だった。[*5]

賀茂氏が龍蛇神を祀っていたことは先述したとおりであるが、ということはそもそも稲荷山は蛇、龍神信仰の対象（神奈備《かんなび》）だったことを示している。

現に今でも稲荷山をお山すると、至る所に滝があって、古代からの山林修行者の行場になっていたし、現代でも龍神を祀っている。

ゆえに、稲荷神は龍神と狐神を眷族とする、水のカミ、地のカミ、山のカミなのである。

弁財天はインドでも河の神さまであり、そのまま仏典にも取り入れられている。それが日本で

＊5　そもそも稲荷山地区の産土神《うぶすけがみ》は藤森《ふじもり》神社であり、それは紀氏・賀茂氏系の神である。藤森神社例祭では今も、「土地返せ」と伏見稲荷大社に御輿《みこし》が押しかける場面が再現される。

田村宗立旧蔵粉本より「荼枳尼天」。
（京都市立芸術大学蔵）

はすでにあった水神信仰と結びつき、弁財天は水神として龍、蛇とドッキングしていったわけである。

稲荷神は山の神であり、本来は龍蛇を眷族に従えていた。その後、平安時代には蛇信仰から狐信仰に交代し、やがて荼吉尼天に結びついていった。

荼吉尼天のイメージは当初、インドの夜叉神そのものだったのだが、そのままでは恐ろしすぎるので、ソフトなイメージに転換させる必要が生じ、宇賀弁財天をモデルにして柔和な荼吉尼天のイメージが作り上げられていったのである。

宇賀弁財天と蛇、荼吉尼天と狐のイメージ連合体の共通点は、蛇も狐も食物神、農耕神として信仰されていたことである。インドのダーキニーが日本の荼吉尼天に昇華したとき、宇賀弁財天から蛇を取って狐に乗り換えさせ、荼吉尼天イメージが確立されたと考えられる。この時点で稲荷神―荼吉尼天―狐のセットが完成している。

神自体はもともと隠れ身の存在で、感性でしかわからないものである。日本で仏教が受け入れられたのも、仏像という宣伝グッズがあったためである。仏とはこのようなお姿で、これを拝めば御利益があるぞといわれたら、みな飛びつく。その方がイメージしやすいためだ。

これに対し、神道は山を拝んだり、海を拝んだり、自然を崇拝するものであり、本来は偶像崇拝ではないため、神のイメージが一般の人にはつかみにくい。そこで、中世のころから庶民にわかりやすくという意図のもと、日本の神の偶像を造らせていったわけである。

茶吉尼天法は、邪教とされた真言立川流《しんごんたちかわりゅう》にも取り入れられ、ゆえに忌避《きひ》されてきた側面もあるが、明治以前の神仏習合の時代までは、伏見稲荷の神宮寺だった愛染寺でも修じられていた祭祀でもある。

現在でも伏見稲荷大社境内にある土産物屋には「稲荷心経《いなりしんぎょう》」*6なるお経が販売されている。神道と仏教が分離してしまった今では、伏見稲荷大社ではその残像さえ見ることはできないもののの、このお経は件の茶吉尼天法の中で唱えられたものであり、仏教稲荷信仰が当地において存在したことの名残りである。

修験者たちが普及させた稲荷神＝狐信仰

最後に、明治以前の民俗信仰の観点から、稲荷神や狐が人びとの目から見てどのように捉えられてきたのかについても触れておきたい。

日本には昔から憑き物信仰があった。関東、中部、東北地方には狐憑き（「オサキ」、「クダ」、「イズナ」）が多く、山陰の出雲地方の「人狐」、九州南部の「ヤコ（野狐）」にも狐憑き信仰がある。こうした憑き物にはどういう種類があるのだろうか？　以下に分類してみよう。

①オサキ（江戸中期以降、一八五〇年頃より記録あり）……埼玉県秩父地方を中心に、東は群馬、栃木の一帯から茨城の一部、西は関東山脈を越えて長野県諏訪《すわ》地方、伊那谷《いなだに》地方まで。

②クダ（江戸期以降、一七八九年頃より記録あり）……長野が本場。愛知（三河地方）、静岡を中心として、山梨も勢力圏。三浦半島、房総半島にも流れていた。

③イズナ（室町時代より）……修験道の行者の専売特許。青森、岩手、山形に残る。岐阜、和歌山にも伝承あり。

*6　愛染寺に伝わった般若心経《はんにゃしんぎょう》の稲荷バージョンというべきもの。伝説では、かの源頼朝も「稲荷心経」を読経して戦勝祈願し、源平の戦いを制して天下を取ったとされている。

④人狐（江戸期以降、一七四七年頃より記録あり）……島根（出雲地方・隠岐《おき》地方）、鳥取（伯耆《ほうき》地方）にほぼ限定される。
⑤ゲドウ（江戸期以降、一九七〇年より記録あり）……広島、山口、島根（石見地方）が中心。厳密には「キツネ」と「イヌガミ」の総称か？
⑥ヤコ（野狐は平安期より、憑き物としては不明）……英彦山《ひこさん》、阿蘇山の修験と関係か？　九州の肥前半島、熊本平野、天草諸島、薩摩・大隅、宮崎の一部、壱岐など広範囲。

近畿地方は憑き物信仰の「空白地帯」になっている。近畿ではキツネやヘビなど動物が憑くという信仰はほとんど見られない。考えようによっては、過去には近畿にもあったが、それが地方に伝播した結果、逆に廃れてしまったのかもしれない。

人に憑く狐として、イズナはもっとも古いものだが、これは修験道の行者の専売特許として修じられたものである。その他のキツネ憑きはその後に上書きされる形で江戸期以降に広まっているように思われる。

江戸時代の修験行者がこうした信仰を普及させた原動力となっているのは、ほぼ間違いないだろう。長野県は山岳信仰、修験とのつながりが深いせいか、イズナから転じたクダ、オサキもいる。憑き物を増殖させたという点では、修験道の影響するところが大きい。

また、関東地方では屋敷神《やしきがみ》の影響で、稲荷がキツネ化してしまった。関東の人が稲荷と聞くとすぐキツネを連想してしまうのも、関東・中部地方が「キツネ憑き文化圏」であることも関係しているのではと思われる。

豊川稲荷形の稲荷明神騎狐像を奉祀する東京・英倫寺《えいりんじ》境内の小社。

中村雅彦（なかむらまさひこ）愛媛大学、同大学院教授を経て、立命館大学大学院講師。専攻は社会心理学、トランスパーソナル心理学。愛媛大学教授時代に奥四国の神社で修行を積み、神職の資格を取得。著書に『祈りの研究―現世利益の実現』、『祈りの力―願望実現へのアプローチ』（東洋経済新報社）など。

視点4

修行者にとっての神使・眷属

文＝中村雅彦

●「祈り力」を磨くための場所

修行者の歴史を少し振り返ってみよう。稲荷信仰と密教は、連動して普及していったと考えるのが妥当であろう。真言系の東密、天台系の台密が日本における二大メジャー密教として平安時代から確立されているが、それぞれの宗祖空海・最澄以前にも、密教的な断片的知識は輸入されており、これを雑密《ぞうみつ》と呼ぶ。

これら密教の流れと絡み合うように、修験道《しゅげんどう》も稲荷信仰と密接な関係をもっている。修験道は日本古来の自然崇拝（とくに山岳信仰）や原神道に雑密が加わり、さらに天台系や真言系の修験の系譜にも取り入れられて独自の発展を遂げた神仏習合の混淆《フュージョン》宗教といえるものだが、ここには飯綱《いずな》信仰や茶吉尼《だきに》天信仰との関連も認められる。

では、修行者の立場から、稲荷山の位置づけについて見ていこう。

私も稲荷信仰者、そして民間祈禱師《きとうし》として何度も稲荷山に登った経験をもっている。そのうえであえて言挙《ことあ》げするが、この山は稲荷神や神の使いである眷属《けんぞく》と合一するための聖地であり、深い宗教体験を追求して眷属との意識の交流を行い、人と神の間を取り次ぎ、そのご神徳、ご神威を人びとに実感させるための「祈り力」を磨いていくための場所にほかならない。*1

修行者に要求されるのは、単なる儀礼としての祈りではない。神の力を圧倒的なリアリティをもって人びとに実感させる力なのである。それはこの現代においても同じことである。

●稲荷の眷属たちの分類

ここで、稲荷神の眷属について解説しておこう。眷属にも実際さまざまな種類に分類できる。天狐《てんこ》、地狐《ちこ》、空狐《くうこ》、玄狐《げんこ》、白狐《びゃっこ》、赤狐《しゃっこ》、野狐《やこ》などの霊格《れいかく》があるとされ、*2 霊格の高い狐になると的確で妥当な託宣《たくせん》をもたらすが、野狐と意識がつながってしまうと憑《つ》いた憑かれたの大騒ぎとなり、自滅に導かれる危険性も伴う。

①天狐―天狗《あまつきつね》と同体であると考えられていた。阿波大杉《あんばおおすぎ》、飯綱権現《いずなごんげん》、秋葉大権《あきばだいごん》現《げん》、道了尊《どうりょうそん》などは、身体が不動尊、顔が烏天狗《からすてんぐ》、背中に翼をつけ、火炎を背にして狐の背の上に立つイメージで描かれている。密教の茶吉尼天信仰、神仏混淆の修験道から生じた天狗信仰であり、稲荷信仰との習合が生じている。

②空狐―巫女や修験者などシャーマニックな能力を持つ人に使われ、千里の外まで一瞬に飛んできて役を務める。地上から二十五メートルくらいの高さを往来している霊狐。気狐（後述）の倍以上の霊能力を持つ。ただ、シャーマンの使役霊にはなりにくく、独立した意志をもって動いている。

修験者の本尊として知られる飯綱権現（右）と秋葉大権現像。いわゆる有翼《ゆうよく》の烏《からす》天狗《てんぐ》で容貌も酷似する。かたや稲束《いなたば》を咥《くわ》え、かたや宝《ほう》珠《じゅ》と蛇をまとっている乗り物の狐が、稲荷神＝荼枳尼天との類縁を思わせる。

③気狐―このランク以上の霊狐は一般人の目には見えない。空狐よりも霊能力が制限される修行中の狐。

④野狐―人に憑いたり、騙《だま》したり、讐《あだ》をなしたりする狐で最低ランク。人間を利用して食物や供物を要求する。人間の邪気、邪念もエネルギー源にしており、一時的には人間によい思いもさせてくれるが、すぐに寝返ったり、裏切ったりして禍をもたらす。修験者、巫女《みこ》によって意のままに使役《しえき》される狐である。管狐《くだぎつね》、おさき狐などもその部類に入る。

●霊狐の正体とは

私の提唱している「魂の心理学」(Spiritual Psychology)の観点からいえば、眷属と動物霊とは区別してとらえておいた方がよいと考えている。眷属は神仏の配下にあって、それ自体も修行の過程にあり、本体である神仏からのメッセージを人間に伝え、ときとして人間の行いに力を貸し支援する役割をもっているとされる霊的な存在である。独自の意志をもっており、その振る舞いやメッセージの伝え方にも個体差がある。

これに対し、いわゆる動物霊は人間の邪気、邪念などのネガティブな想念エネルギーを補給源としており、神仏に従って活動するというより、人間の動物的本能や原始的衝動、敵対的、攻撃的感情に従って動くという性質を持っている。つまり、人の欲望のおもむくままに各種の超常的な事象を引き起こす存在である。人間の想いが作り出した産物とでもいえばよいだろう。

山内に二十一もの滝を有する稲荷山の水行場のひとつ、清滝（清滝社）。かたわらには不動尊が祀られており、今も人知れず修行者が訪れる。

ここでいう霊狐とは、生物の種としての狐ではなく、われわれの意識が拡張したとき[*3]にその姿形を感得することのできる霊的な存在のことをさしている。そして稲荷系神社など特定の場所に結びつき、人が意識のチャンネルを開いて交信を試みるときに、さまざまなメッセージを授受できるようになる。

それらはイメージ的な存在様式を基本としているが[*4]、受け手の側の心理状態（深層意識の状態も含む）によってさまざまに変化する象徴的な性質ももっている。さらに、社会や文化による規定も受けており、古くからの人々の信念や想像によって醸成されてきたイメージ体であるともいえるのだ。

（立命館大学大学院講師）

＊1　修行者は、各種の行法を修じることで、自己意識の変容状態を経験し、カミやその使いとの意識交流を目指している。そうして得られた験力や法力は、単に個人の内的な宗教体験にとどまらず、内的な現実が外的な現実と相関するような現象を引き起こすような事柄をさしている。

＊2　笹間良彦「怪異・きつね百物語」（雄山閣出版／一九九八年）より。

＊3　これは、トランスパーソナル心理学でいう微細意識（Subtle Consciousness）の次元をさしている。

＊4　そのイメージの源は、スイスの精神科医・心理学者で、分析心理学の理論を創始したC・G・ユングのいう「元型（archetype）」の概念にも類似するものである。

一立斎広重画「東都名所 王子稲荷境内全図」より。

Ⅲ 民衆の神となった お稲荷さん

町や村の鎮守神《ちんじゅしん》として、武家や商人、豪農の屋敷神として、寺社の境内神として、さらには路地裏の流行神《はやりがみ》として……。江戸の名物は「火事 喧嘩、伊勢屋、稲荷に犬の糞」と呼ばれるほどに、津々浦々に進出した稲荷社。江戸時代以降、「○○稲荷」という新たな神々が次々と生まれ、お稲荷さんは、多種多様な神格やご神徳を有するマルチな神さまとして崇《あが》められていった。それら民衆信仰のエースとなった稲荷信仰の広がりを概観してみよう。

江戸庶民の「お稲荷さん」

――爆発的な流行と諸願成就の神への変容――

稲荷の社《やしろ》や祠《ほこら》は全国に数多くあるが、その分布は西日本に淡く、東日本に濃いといわれる。その理由は、稲荷信仰が江戸時代に江戸を中心に爆発的に流行したことにある。すなわち現在の多彩な稲荷信仰のありようは、江戸で生まれ、全国に及んだのである。ここでは江戸の稲荷を通じて、稲荷信仰の展開を追ってみよう。

文＝榎本直樹

江戸の稲荷は農業神、土地神から屋敷神へ

江戸の稲荷は、江戸の町ができる以前から存在する古社と、江戸の宅地開発に伴って生まれたものとに分けられる。

王子稲荷（↓162ページ）、烏森《からすもり》稲荷、[*1] 妻恋《つまこい》稲荷[*2]などの古社は、元来、田の神の性格を持った農業神や、聖地などの土地神であった。これらは農村としての在来の素朴な狐信仰が、江戸の発展によって稲荷の神と結びついて出現したとみられる。古来、日本では、狐はさまざまな神の意思を伝える神の先触れ＝使いとされた。しかし江戸時代以降、このように狐がもっぱら稲荷神と結びつけられたことから、稲荷信仰の急速な普及が進んだのである。

これに対して、江戸時代中期以降、江戸の宅地開発に際し、開発した土地の神を稲荷として

＊1　東京都港区新橋。鎮座年は不詳だが、藤原秀郷《ひでさと》が戦勝を祈願して勧請《かんじょう》したとの伝承がある。初午《はつうま》の祭礼は、江戸で一、二のにぎわいを見せたという。

江戸期の三圍稲荷
江戸・向島の三圍神社（東京都墨田区）の往事の賑わい。（『広重画帖』［江戸高名会亭尽］より、「三圍之景」）

＊2　東京都文京区湯島。日本武尊《やまとたけるのみこと》とその妻である弟橘姫《おとたちばなひめ》を祀ったのが始まりとされるが、のちに稲荷明神を祭祀し、妻恋稲荷と呼ばれる。

屋敷の守護神に祀ることが行われた。はじめに大名・旗本などの武士や、有力商人などが稲荷を屋敷神《やしきがみ》として祀った。それに続いて、町内持ちの稲荷、下級武士等の組屋敷の共同の稲荷などが祀られ、寺院の境内社（仏教では吒枳尼真天《だきにしんてん》とされた）も続々と生まれていった。江戸の町の人口増加が、それにみあう数の稲荷を求めたのである。

人々の生業に応じた多彩な利益

稲荷を屋敷神とした武士たちは、武運長久、家内安穏、無病息災、子孫繁栄などを願った。しかし、その意識の根底には、稲作＝米を基本とする江戸時代の石高制《こくだかせい》の社会と、その安定を約束する五穀成就への願いがあり、それをもたらす稲荷神の利益への期待があったと考えられる。また、米を経済の根本とする社会で、稲荷が商業繁栄の神とみなされるのも、不思議ではなかった。ことに江戸の町屋の発展とともに、町人の守護神には商売繁昌の利益が期待された。三井家が祀った三圍《みめぐり》稲荷（↓163ページ）などは、その象徴的存在といえる。

一方、関東周辺では、稲荷は江戸時代中期以降の新田村などで村の鎮守《ちんじゅ》として祀られ、それ以前に成立した村でも村内の組や同族の神、あるいは旧家・有力家の屋敷神として祀られた。

稲荷を祀ることは農村に限られなかった。農村で村内安穏に加えて五穀豊穣など農業神としての利益が求められ、漁村では漁業神となったように、養蚕《ようさん》、鍛冶《かじ》など、それぞれの生業に応じて多様な利益が求められた。そして、稲荷信仰の古い伝統の中から、それに対応した由来や霊験《れいげん》がもたらされた。

強い個性と多岐にわたる霊験

「伊勢屋、稲荷に犬の糞」というように、江戸の町中には稲荷の祠《ほこら》があふれた。数

王子稲荷へ向かう狐
大晦日には関東一円の狐が王子の榎のたもとに集まり、装束を調えて王子稲荷に参詣したという言い伝えがある。（『江戸名所道外』より「江戸名所道戯尽十六 王子狐火」）

を増やした稲荷は、共同体や集団の祈願に限らず、個人のさまざまな希求にもこたえた。

稲荷は、「花園稲荷」「太郎稲荷」などと固有名詞で呼ばれた。ここからうかがわれるように、稲荷は強い個性を持ち、それぞれに異なった霊威《れいい》・霊験を示した。出世・開運、願満《がんまん》・栄・幸・富貴《ふうき》、あるいは福寿・延寿、子守・子育、瘡守《かさもり》・疝気《せんき》といった稲荷の名称からは、出世・開運、福徳、長寿、子安、治病など、人々が稲荷に期待したさまざまな利益がうかがわれる。

とくに危急の事態での治病や除災などへの期待は切実で、稲荷は麻疹《ましん》や疱瘡《ほうそう》など流行病の予防・治癒の祈願対象となった。そして、いったんその霊験が評判になると、しばしば流行神となって、祠の前に訪れた参詣者が並び、「門前市をなす」という状況が生まれた。

町場の過密な住宅事情に関係して、稲荷には火除けの利益も求められた。そこには、狐火、狐が災いを予兆する、というような連想とともに、飯縄権現《いずなごんげん》*3・秋葉《あきば》*4信仰などとのつながりが指摘されている。

人に憑く狐と宗教者の関与

江戸時代後期には、狐が人に憑依《ひょうい》する現象も顕著に現れた。

人々にとって、狐は神の使いではなく、しばしば稲荷神そのものと考えられた。狐は、ときに人に憑《つ》いて食物をねだり、祠を建てることなどを要求した。稲荷として祀られた狐は、強い霊威をもって主を守護する一方、祭りをおろそかにすれば激しい祟りをなすとされた。

狐の霊の出現は、修験者《しゅげんしゃ》・神道者・陰陽師《おんみょうじ》などさまざまな民間宗教者に、関与の機会を与えた。彼らは稲荷に新たな霊験を付加し、流行を促し、あるいは稲荷を多様な信仰と習合させた。そもそも稲荷の中には、吒枳尼真天などを本尊とし、僧や修験が管理するものが少なくなかった。

稲荷信仰は、庶民の狐への観念を基底に持ち、伏見稲荷をその本流としながらも、さまざま

＊3　白虎に乗り、剣と索《さく》を手にした烏天狗《からすてんぐ》の姿で描かれる神仏習合の神。中世の武将の間で、戦勝の神として信仰された。長野県飯縄山への山岳信仰に由来すると考えられている。

な系統が含まれており、一筋縄ではいかないものがある。そのことが稲荷の流動性や多様性ともなって、さまざまな利益・霊験に結びついたのである。

地域ごとに信仰の中心地が成立

伏見稲荷は、稲荷本宮・惣本宮あるいは藤森《ふじのもり》稲荷と呼ばれた。伏見が各地の稲荷に授けたのが、正一位の御分霊[*5]であった。各地の稲荷は、御分霊すなわち伏見の写しとなることで正一位を称した。「狐の本所《ほんじょ》」とされた伏見稲荷には、諸国から人々が訪れ、御分霊を受け、あるいは野狐《やこ》（悪狐）除けを願っていった。一方、人々の観念の上では、諸国の狐が伏見で修行すると考えられ、伏見稲荷は、狐を統御《とうぎょ》し各地の稲荷を統合する存在ととらえられた。

愛知県の豊川稲荷（曹洞宗《そうとうしゅう》豊川閣妙厳寺《ほうせんかくみょうげんじ》の境内鎮守豊川吒枳尼真天↓167ページ）のほか、宮城県の竹駒《たけこま》稲荷（↓157ページ）、茨城県の笠間《かさま》稲荷（↓159ページ）、岡山県の最上稲荷（高松稲荷。最上位経王大菩薩《さいじょういきょうおうだいぼさつ》を本尊とする法華経《ほけきょう》寺院↓171ページ）、佐賀県の祐徳稲荷（↓174ページ）のように、江戸時代以降、地域ごとに信仰の中心地が成立したことは、稲荷信仰に特有のことといえよう。

＊

すでに古代において稲荷信仰は真言密教と結びついて神秘性を持ち、現世利益《げんぜりやく》の方向に発展する素地を持っていたとされる。そして江戸時代の社会の発展に応じて、極めて多様なご利益が求められ、それに対応して霊験を拡大し、現在に至っているのである。

【参考文献】宮田登「稲荷信仰の展開」（西山松之助編『江戸町人の研究 第二巻』、吉川弘文館、一九七三）、宮本袈裟雄「稲荷信仰」（下出積與・圭室文雄編『講座神道第二巻 神道の展開』桜楓社、一九九一）、中村禎里『狐の日本史 近世・近代篇』日本エディタースクール出版部、二〇〇三

＊4　飯縄権現と同様、白虎に乗り、剣と索《さく》を手にした烏天狗の姿で描かれる。神道、修験道、仏教が混淆《こんこう》した火防《ひぶせ》の神として、江戸期に全国で信仰された。

＊5　「正一位稲荷大明神」と記された御神体。桐箱に収められ、分霊の証書とともに願主に授けられた。今も各地の稲荷に伝存している。

榎本直樹（えのもと・なおき）日本民俗学会会員。著書に『正一位稲荷大明神—稲荷の神階と狐の官位』（岩田書院）がある。

お社に祀られているさまざまな神

――田の神、海の神から会社の守護神まで――

文＝編集部

原始宗教的な稲荷が信仰の土台をつくる

お稲荷さんの社《やしろ》に祀られているのは、稲の神さま、農耕の神さまばかりではない。木の神、石の神、水の神、海の神、あるいは一族郎党や会社などの共同体を守護する神、さらには出世願望を満たし、良縁を授けてくれる神さまなども、稲荷として祀られている。ここでは、そのような稲荷神の多様性を少しでも整理するとともに、稲荷社の実例を掲げながら、その幅の広さに改めて注目してみたい。

整理に際しては、民俗学者の五来重《ごらいしげる》氏[*1]が『稲荷信仰の研究』のなかで述べた分類を大いに参考にさせていただいた。なお、同書の総論にあたる「稲荷の現象学と分類学」において、五来氏は、「原始宗教的稲荷」を論ずることに比較的重きを置いている。言い換えれば、神道的な神さまという視点からのみ稲荷をとらえるのではなく、荼吉尼天《だきにてん》と習合した仏教的な稲荷や、それ以前に、荼吉尼天との習合をすんなりと受け入れた素地をもつ、稲荷の民俗的な側面に着目している。その民俗的な側面とは、整然とした宗教が確立されるよりもはるか昔から、日本人に根づいている原始的な宗教性、すなわち、自然への畏敬であり、死や災いを恐れる心であ

＊1 専攻は仏教民俗学。日本仏教の研究に民俗学の視点と手法を導入し、日本各地における庶民信仰の実態について、綿密な現地調査を行った。一九〇八～一九九三年。

王子稲荷社
古来、飛鳥山の桜の花見をかねての行楽客もあり、門前には茶店や料理屋が数多くあった。かつて参詣人の道しるべであった灯籠の一部が、境内に移築保存されている。『江戸名所図会』より（他の図版も）。

る。この部分を土台として、狐というきわめて身近な生き物や、荼吉尼天をはじめとする神々と結びついた稲荷は、祭神についても祭祀者についても、あらゆる方向へバリエーションを展開していくことになる。

時代や状況の変化に応じて性格を変える稲荷

五来氏は、稲荷を分類する指標として、祭神、祭祀対象、祭地、祭祀者を掲げているが、次ページ以降では祭神を指標として稲荷を五つのカテゴリーに分け、それぞれに属すると思われるものをまとめてみた。

ただ、このような分類は、あくまでも便宜上のものとしかいいようがない。というのは、稲荷の社は多くの場合、時代や状況の変化に応じて新たな祭神が加わったり、祭祀者が交替するなどして、性格が変わっていくからだ。たとえば、個人の邸宅に屋敷神として迎えられた稲荷が、何らかのきっかけで流行神となったり、村や町など、より大きな共同体の守護神となったりすることがある。また、海を一望できる山に祀られた稲荷などは、山の神であると同時に海の神としての性格を備えていたりもする。したがって、どの時点の、どの側面を拾いあげるかによって、同じ社であるにもかかわらず、まったく異なるカテゴリーに分類されうるケースが非常に多い。

ともあれ、まずは分類を試み、実例を掲げることで、稲荷という神の実像に少しでも近づいてみたい。各神社に伝わる縁起については、代表的なものの概略をまとめた。

【主要参考文献・ウェブサイト】五来重『稲荷信仰の研究』（山陽新聞社、一九八五）、山折哲雄編『稲荷信仰事典』（戎光祥出版、一九九九）、「With Fox」（http://www.withfox.jp/）、「神奈備」（kamnavi.jp/inari/index.htm）、

エビス神の像
日本各地で海神、漁業神として祀られているエビス神。海辺の町などでは、稲荷神と合祀されることもある。

食物神

稲荷神と不可分の狐の古語は「ケツネ」であり、それは「食《け》つ根《ね》」、すなわち「食物の根源」を意味すると、五来重氏は指摘する。これを示すかのように稲荷神は、稲が実る水田はもちろんのこと、食物という恵みをもたらしてくれるすべての場所へと広がりを見せている。

分類と概説	社および縁起の例	類例
穀霊稲荷 稲に宿る神霊を祀るもの。日本神話においては宇迦之御《うかのみ》魂神《たまのかみ》、倉稲魂命《うがのみたまのみこと》がこれにあたり、神名の「ウカ」は食物・穀物を意味する。稲荷という表記のもとになる概念ともいえる。	**七倉稲荷神社** （東京都台東区池之端） 江戸幕府の米蔵があった浅草蔵前に鎮座し、七つの倉の守護神として崇められたことが、社号の由来となった。明治維新後、蔵前から現在の場所に移転。	多禰《たね》神社（種神社） （福井県坂井市丸岡町） 実咲稲荷社 （群馬県太田市細谷町） 福徳稲荷神社 （山口県下関市豊浦町宇賀） 城山稲荷 （兵庫県篠山市今田町）
田神稲荷 耕作が開始される春になると、山の神（ここでは稲荷神）は里に降りて田の神となり、やがては田畑のあいだに社を構えるようになった。また、新田開発の際にも田の神が祀られた。	**穴守稲荷神社** （東京都大田区羽田） 文化元年（一八〇四）、新田を開墾する際に堤防にしばしば大きな穴が生じて付近一帯が被害を受けたために、稲荷を祀り、加護を願ったといわれている。	田中稲荷神社 （茨城県筑西市甲地内） 重幸《じゅうこう》稲荷神社 （東京都大田区本羽田） 玉姫稲荷神社 （東京都台東区清川） 幸《さいわい》稲荷社 （神奈川県川崎市幸区中幸町）

清重稲荷
塚の上につくられた塚稲荷だが、祭地が畑のまっただなかであることから、田畑の神を祀った田神稲荷とも考えられる。

豊漁稲荷

海辺などに祀られた稲荷に期待される神徳は、豊漁、海上交通の安全、港一帯の繁栄と守護、波除などである。そのなかから、とくに豊漁に関する神徳が縁起の前面に表れているものを拾いあげてみた。このように海と結びついた稲荷は、しばしばエビス神と合祀され、福神としての性格を強めている。

狐神稲荷

狐が神として祀られているもの。この背景には、狐をケツネ、すなわち食物神とみなし、その霊力を祀ることで恩恵を受けようとする考え方があると、五来重氏は指摘している。

また、稲荷神社に多く見られる狐の穴は、狐そのものが出入りするというより、稲荷神が出入りすることを期待したものではないかという。

稲荷神社

（新潟県村上市寒川《かんがわ》）

狐崎に鎮座する稲荷。この地にすむ三本足の狐が、お供えの魚の頭を食べたら月の上旬に、尾を食べたら下旬に漁をしたという伝承が残っている。地区によっては、鮭が豊漁であった場合、そのなかの最も大きなものをこの稲荷に供えるという風習があったようだ。

信太森葛葉稲荷

（大阪府和泉市葛の葉町）

平安時代の陰陽師・安倍晴《あべのせい》明《めい》の父である安倍保名《やすな》が、白狐の化身であると葛《くず》の葉と結ばれ、童子丸（のちの晴明）を授かるが、正体が発覚して去ったとの伝承が残る。葛の葉が残したとされる「恋しくば訪ねきてみよ和泉なる信田の森のうらみ葛の葉」という句は有名。霊石を御神体とする霊石稲荷でもある。

大間稲荷神社（青森県下北郡大間町）
湊稲荷神社（新潟市中央区沼垂西）
稲荷神社（福井県三方郡美浜町日向）
鴎《かもめ》稲荷神社（東京都大田区羽田）
中湊稲荷神社（和歌山県東牟婁郡串本町中湊）
向島立岩稲荷（山口県防府市大字向島）
女化《おなばけ》稲荷（茨城県龍ヶ崎市馴馬）
斗瑩《とけい》稲荷神社（宮城県大崎市古川荒谷字斗瑩）
白狐稲荷神社（長野県諏訪市四賀普門寺）
尾才女《おさいじょ》稲荷（神奈川県横浜市　神明社境内）
宗旦《そうたん》稲荷社（京都市上京区　相国寺境内）
與次郎《よじろう》稲荷（山形県東根市四ツ家）
線守《せんもり》稲荷神社（神奈川県足柄上郡山北町）

金毛九尾の狐
中国殷《いん》王朝で、紂王《ちゅうおう》の妃に化けた九尾の狐は、その後、遣唐使船に乗船して日本へ渡り、「玉藻《たまも》の前」として鳥羽《とば》上皇の寵愛を受けたという。
（葛飾北斎『北斎漫画』）

自然神

山川草木すべてのものに神が宿るとする素朴で原始的な自然崇拝が、稲荷神と結びついた例をあげてみる。崇拝の対象が自然のものなので、とくに社殿をつくらず、木や石をそのまま祀ったという稲荷も、かつては見られたようだ。

分類と概説	社および縁起の例	類例
霊木稲荷 樹齢の古い巨木などを御神体とする稲荷で、社名が樹木の名になっているものもしばしばある。 多くの場合、のちに社殿ができて、地域の鎮守神へと変化していくようだ。	**花山稲荷社** （京都市上京区京都御苑内） 宗像《むなかた》神社（京都市）の境内社。『山城名勝志《やましろめいしょうし》』によれば、藤原氏北家師実《ほっけもろざね》の流れをくむ花山院《かざんいん》家の屋敷神として祀られたのがはじまり。巨木の楠《くすのき》を神木とする。	妙法稲荷神社 （東京都大田区本羽田） 二葉姫稲荷神社 （京都市北区上賀茂本山） 榎木大明神 （京都市下京区都市町） 南珺社《なんくんしゃ》 （大阪市住吉区　住吉大社末社）
霊石稲荷 石を御神体とする稲荷で、殺生石《せっしょうせき》を祀る玉雲《たまもり》大権現が代表的な例。磐境《いわさか》や磐座《いわくら》のほか、隕石を祀る稲荷もある。安倍晴明ゆかりの葛葉稲荷も霊石を御神体とするので、このカテゴリーにも分類できる。	**玉雲大権現** （岡山県真庭市勝山　化生寺境内） 九尾の狐が那須野で討伐されたのち、殺生石となって毒気を発した。玄翁《げんのう》和尚が金槌《かなづち》で叩き割ると、破片が越前・美作《みまさか》・豊後《ぶんご》に飛来した。	岩神稲荷神社 （群馬県前橋市昭和町） 亀塚稲荷神社 （東京都港区三田） 神戸《こうど》神社 （和歌山県東牟婁郡古座川町高池） 沖濱《おきはま》稲荷神社 （福岡市博多区古門戸町）

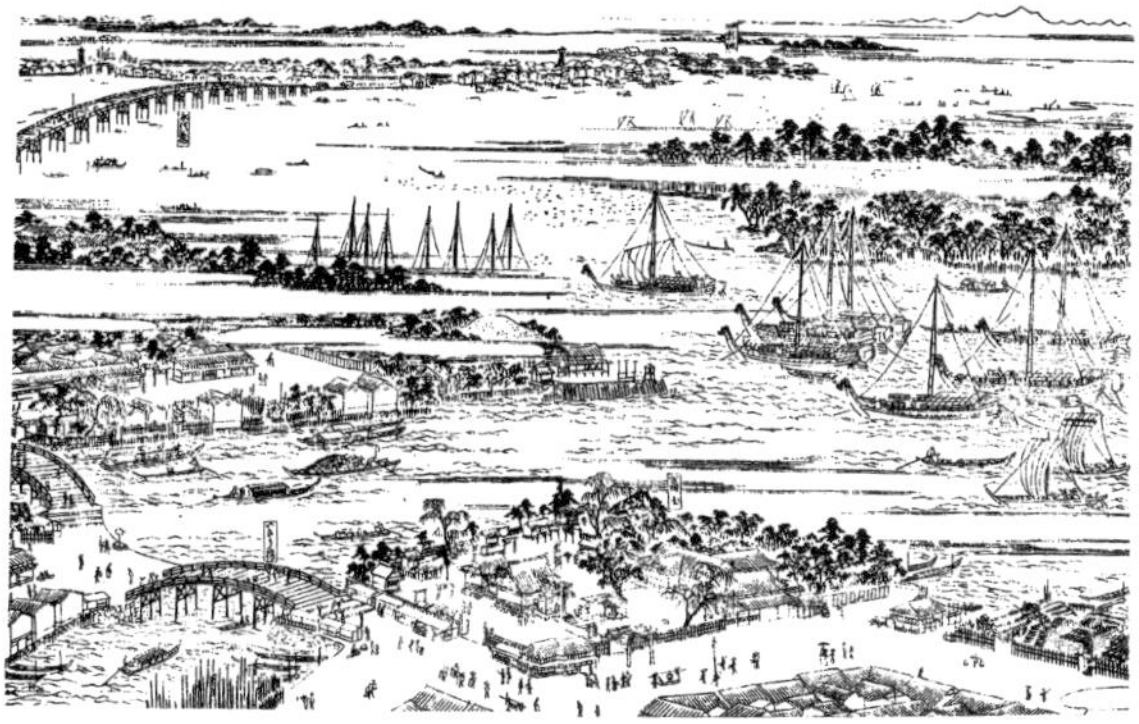

湊稲荷社
鎮座の由来は未詳だが、この地が諸国の商船が発着する海上交通の要衝であることから、地域の産土神であると同時に、海上の安全を守護する稲荷と思われる。

山神稲荷

山頂または山中に祀られる稲荷。山神信仰は多くの場合、山麓に葬られた祖霊が山上や山中の他界に集まって山神になるとされる。

なお、修験道との結びつきが強い場合もある。

火神稲荷

稲荷は鍛冶の神であり、火《ひ》防《ぶせ》の神でもある。このことは、稲荷が火を自在に制御する火神としての性格を備えていることを意味する。狐が灯火を持って集まる王子稲荷も、火神といえる。

水神稲荷

湖、沼、滝、井戸、清流などのほとりに祀られた稲荷。龍神や蛇神が祀られている場合もある。インド神話において河の女神である弁天とともに祀られている稲荷も見られる。

挟上《さえ》稲荷
（宮崎県西米良郡大字坂谷）

標高約七〇〇メートルに鎮座。欽明《きんめい》天皇のときに疫病が流行し、稲荷神が夢に現れて人々を救ったという。のちに山岳修行者が大山津見命《おおやまつみのみこと》を合祀した。

合槌《あいづち》稲荷神社
（京都市粟田口中之町）

平安中期、三条《さんじょう》小鍛冶《こかじ》宗近《むねちか》が不思議な若者の相槌を得て、後一条《ごいちじょう》天皇の刀を鍛えた。その若者は「小狐丸と銘をつけてほしい」といって姿を消した。

水稲荷神社
（東京都新宿区西早稲田）

俵藤太《たわらのとうた》が富塚の上に稲荷を勧請し、古くは「富塚稲荷」「将軍稲荷」といわれたが、江戸中期、境内の大椋《おおむく》に霊水が湧いたことから水稲荷神社と改名した。

烏峠《からすとうげ》稲荷神社
（福島県西白河郡泉崎村）

小牧山吉五郎《こまきやまきちごろう》稲荷社
（愛知県小牧市堀の内）

多度《たど》本宮宇賀神社
（三重県桑名市多度町）

金光《きんこう》稲荷神社
（広島市東区　広島東照宮境内）

豊岩稲荷
（東京都中央区銀座）

火防稲荷神社
（京都市伏見区醍醐和泉町）

花山稲荷神社
（京都市山科区西野山欠ノ上町）

鵜戸《うど》稲荷神社
（宮崎県日南市　鵜戸神宮境内）

馬橋《まばし》稲荷神社
（東京都杉並区阿佐ヶ谷）

平川清水稲荷神社
（東京都墨田区太平　法恩寺境内）

隅田稲荷神社
（東京都墨田区隅田）

清水稲荷
（東京都目黒区本町）

稲荷神像
霊狐に騎乗する神像（荼枳尼天形）。傷みが激しいのは、氏神や屋敷神、あるいは農耕神として野外の祠などに祀られていたためか。（大分県立歴史博物館蔵）

共同体の神

個人の邸宅を守護する屋敷神から、城、村、町、会社など、さまざまな共同体を守護する稲荷をまとめた。祭祀のきっかけが夢告《むこく》や託宣であったり、御神体が自然物であったり、何らかの事情で祭祀者が変わると稲荷の性格も変化したりと、多面的な要素が含まれている。

分類と概説	社および縁起の例	類例
祖霊稲荷 穀物の実りを先祖の賜《たまもの》とする信仰から、祖霊と稲荷が同一視されて祖霊稲荷となった。古墳、墓、塚などに祀られる稲荷が、これに該当する。屋敷神稲荷や氏神稲荷に発展するものもある。	**繁昌神社** （京都市下京区高辻通室町） もとは半女塚《はんじょづか》（班女塚）に祀られた塚稲荷だった。半女とは未婚の女性。未婚のまま病死したある女性の死体に怪異があったことから、慰霊のために祀られた。	伯清《はくせい》稲荷大神（天塚古墳） （京都市右京区太秦） 勝山稲荷社 （京都府向日市　向日神社境内） 割塚《わりづか》稲荷 （兵庫県神戸市中央区割塚通） 源九郎稲荷 （奈良市漢国町　念仏寺境内）
城内鎮守稲荷 城の内外に祀られた稲荷。五来重氏によれば、怨敵降伏《おんてきごうぶく》の荒々しい稲荷でなければならないので、大部分が荼吉尼天であっただろうと推測できるという。村や町を守護する稲荷へと移行することもある。	**城山稲荷神社** （島根県松江市殿町） 徳川家康の孫である松平直政が松江に来たとき、若宮八幡宮に稲荷大神を合祀して藩の守護神とした。稲荷真左衛門と名のる美少年が夢枕に立ったとの伝承もある。	高山開運稲荷 （青森県弘前市八幡町） 御城稲荷神社 （山形県鶴岡市馬場町） 有子山《ありこやま》稲荷神社 （兵庫県豊岡市出石町内町） 奥山稲荷神社 （和歌山県和歌山市一番丁）

高田稲荷
戸塚村の産土神として鎮座。元禄年間に霊告が下り、榎のうろから霊泉が湧出した。その水で目を洗うと眼病が治癒するといわれた。現在は戸塚稲荷（水稲荷）と呼ばれる。

氏神稲荷

一族、同族の守護と繁栄を祈念して稲荷を祀るもの。祖霊稲荷の一種ともいえる。五来重氏によれば、このような稲荷の小祠は非常に多いが、私的なものなので表面化しにくいという。

屋敷神稲荷

屋敷の一隅や入口、あるいは田畑のすみなどに祀られた私的な稲荷。

その家が没落するなどして祭祀者がいなくなると、村や町といった共同体の鎮守神になることがある。

会社の稲荷

創設者の屋敷神だったものが、会社組織ができるとともに会社の稲荷になる場合と、会社設立後に稲荷を勧請する場合とがある。支店ごとに異なる稲荷を祀っている会社も見られる。

稲荷神社
（鹿児島県姶良郡姶良町）

島津氏の守護神。朝鮮の役《えき》の際、赤白二匹の狐が火薬を抱いて明《みん》軍に突入し、島津軍を助けた。島津氏の祖・忠久は、住吉大社で狐火に守られて生まれたという。

三国稲荷大明神
（京都市中京区　三井越後屋京本店記念庭園）

一六七二年、三井越後呉服店の守護神として祀られた。三井銀行、三越京都支店などを経て、公園の竣工を機に現在地へ移転。

北条稲荷大明神
（神奈川県愛甲郡愛川町中津）

北条早雲《そううん》が北条氏の守護神として京都より迎えたが、時を経て寂れた。一九二九年、ヤマト運輸がこれを再建し、一九八四年に現在地へ移転。

冠稲荷神社
（群馬県太田市細谷町）
沼宮内稲荷神社
（岩手県岩手町沼宮内）
土佐稲荷神社
（大阪市西区北堀江）
花咲稲荷神社
（京都市下京区烏丸）
駒込稲荷神社
（東京都文京区　根津神社境内）
太郎稲荷
（東京都台東区東上野）
成功稲荷
（東京都中央区　資生堂本社）
銀座稲荷社
（東京都中央区　銀座越後屋）
笠森稲荷
（東京都中央区　日本橋タカシマヤ）
繁栄稲荷
（東京都江東区木場　大丸コアビル）

お菊の霊
怪談「皿屋敷」に登場するお菊の霊も、稲荷社に祀られている。（月岡芳年「新形三十六怪異・皿やしき於菊乃霊」）

流行神

五来重氏によれば、稲荷はシャーマンによる託宣や、夢のお告げなどによって、流行神として一時的に繁昌するものが多いという。ブームが終わるとともに忘れ去られる稲荷もあれば、ピークのときに信仰が組織化され、長く生き残る稲荷もある。

分類と概説	社および縁起の例	類例
霊夢稲荷 夢枕に稲荷神が現れ、自分を祀るよう指示するもの。次項の託宣稲荷はシャーマンが介在する場合が多いが、霊夢稲荷は、シャーマンではない一般の者がお告げを受ける場合が多い。	**御辰稲荷神社** （京都市左京区聖護院） 東山天皇の側室である新崇《しんすう》賢門院《けんもんいん》の夢枕に白狐が現れ、御所の辰《たつ》の方角（東南）の森に自分を祀るように告げたことが、この名の由来となっている。	袖摺《そですり》稲荷神社 （東京都台東区浅草） 子安稲荷神社 （東京都豊島区上池袋） 林稲荷神社 （東京都練馬区豊玉北） 佐助《さすけ》稲荷神社 （神奈川県鎌倉市佐助）
託宣稲荷 シャーマンによる託宣や、一般の人間がとつぜん神がかりになったことがきっかけで創建されたり、ブームになったりした稲荷をいう。割合としては、シャーマンを介する場合が多い。	**於菊稲荷神社** （群馬県多野郡新町） 宝暦年間、重病に苦しむ於《お》菊《きく》という娘が稲荷神社に救いを求め、奇跡的に治癒した。「今後は人々のために尽くすように」とのお告げを受けて巫女《みこ》となった。	榊山《さかきやま》稲荷神社 （岩手県盛岡市北山） 太田姫稲荷神社 （東京都千代田区神田駿河台） げんろく稲荷 （滋賀県草津市　立木神社境内） 八王稲荷大明神 （京都市東山区一橋宮ノ内町）

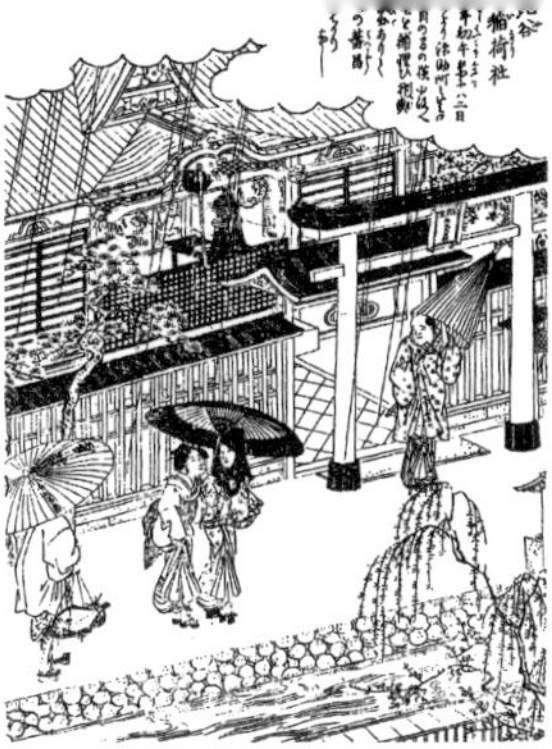

日比谷稲荷社
万治年間に、藍屋五兵衛という者が、託宣によって京都市伏見区深草の藤森稲荷をこの地に勧請したという。

人名稲荷
人名を冠した祭神や霊狐が社の名称になっているもの。
日本には人が神になるという信仰があり、そのような人神信仰と使役霊《しえきれい》信仰の両面から成立したとされる。

御霊稲荷
死者の荒魂《あらみたま》である御霊《ごりょう》を祀り、災いを避けるとともに、福徳を求めるもの。
人名稲荷に分類した源九郎稲荷も、敗者である源義経を祀っていることから、御霊稲荷といえる。

奇瑞稲荷
奇瑞《きずい》の内容によって、勝負稲荷、瘡守《かさもり》稲荷、安産稲荷、厄除《やくよけ》稲荷などのさまざまな俗称がつく。社の前を通ると笠が脱げ落ちてしまう「笠稈《かさのげ》稲荷」など、不思議なものもある。

於岩稲荷田宮神社
（東京都新宿区左門町）
没落した田宮家を、働き者のお岩夫婦が再建。その福徳にあやかろうと、江戸の人が参拝するようになった。『東海道四ツ谷怪談』のモデルでもある。

一色稲荷
（京都府宮津市字鶴賀）
一五八二年、一色氏の当主である義清が、細川忠興《ただおき》の手の者に謀殺《ぼうさつ》された。細川方は一色氏の怨霊を恐れ、鎮魂のために城内に社を建てたとされる。

王地山稲荷社
（兵庫県篠山市篠山町）
別名「まけきらい稲荷」。文政年間、将軍上覧の大相撲で、王地山平左衛門《おうじやまへいざえもん》ら八名の力士（実は領内の稲荷の化身）が連戦連勝したという伝承による。

芭蕉稲荷神社
（東京都江東区常盤）
熊谷稲荷
（東京都台東区寿　本法寺境内）
武信稲荷神社
（京都市中京区三条）
源九郎稲荷社
（奈良県大和郡山市洞泉寺町）
於三《おさん》稲荷
（東京都江東区牡丹）
高尾稲荷社
（東京都中央区日本橋箱崎町）
織田稲荷社
（京都市北区紫野　今宮神社境内）
菊姫稲荷（お菊稲荷）
（京都府宮津市字鶴賀）
半田稲荷神社
（東京都葛飾区東金町）
瘡守稲荷
（東京都昭島市拝島町）
茶ノ木稲荷神社
（東京都新宿区市谷八幡町）
子安稲荷神社
（東京都豊島区上池袋）

稲荷明神の御神影
「弘法大師行状絵詞伝」や「稲荷大明神流記」の一節を思わせる、稲を担う老翁と修行時代の空海の出会いを図案化。（和歌山県・新子稲荷神社）

習合神

稲荷神は、荼吉尼天を筆頭に大黒天や恵比寿などと習合し、毘沙門天《びしゃもんてん》や弁才天とも合祀されるなどして神徳を広げ、福神としての側面を強めていった。ここでは、そのようにして得た神徳からいくつかを拾いあげると同時に、高僧や寺を守護する稲荷についてもまとめてみた。

分類と概説	社および縁起の例	類例
芸能の稲荷 琵琶《びわ》を弾く天女の姿で表されることが多い弁才天もまた、稲荷と合祀されたり、同体化することがある。それによって稲荷は、弁財天の神徳である芸能の神としての側面も持つようになった。	**有楽稲荷** （京都市下京区祇園花見小路） 織田信長の実弟で茶人、大名の織田有楽斎長益《うらくさいながます》の墓所。晩年は京都に隠棲《いんせい》して趣味に生きた。千利休《せんのりきゅう》に師事し、利休七哲のひとりに数えられる。	辰巳《たつみ》神社 （京都市東山区新東小路西入ル） 旗上芸能稲荷社 （大阪市　阿部野神社境内） 乙姫稲荷社 （大阪市浪速区　今宮戎神社摂社） 宝珠稲荷神社 （長崎市淵町　淵神社境内）
敬愛《きょうあい》の稲荷 おそらくは、荼吉尼天が性愛をつかさどる女神とみなされたことから、荼吉尼天と習合した稲荷にも恋愛成就・夫婦和合をかなえるといった側面が付与されたものと考えられる。	**愛敬稲荷社** （東京都新宿区市谷田町） 慶長年間、近江屋助七の娘の「おたつ」が、良縁に恵まれないことを悲しみ、お稲荷さんに祈願したところ、本田家へ嫁ぐことができ、子孫は繁栄したという。	門田稲荷神社 （栃木県足利市八幡町） 花園稲荷神社 （東京都台東区上野公園） 西窪稲荷神社 （東京都武蔵野市西久保） 鎌達《けんたつ》稲荷神社 （京都市南区唐橋西寺町）

清水稲荷
弘法大師がこの地を訪れたとき、霊告によって如意宝珠を神体として、稲荷を勧請した。泉が湧きだしていたので、この名がつけられたという。

出世稲荷

左手に如意宝珠《にょいほうじゅ》を持つ荼吉尼天は、望みを思いのままにかなえてくれる女神とされる。その荼吉尼天と習合した稲荷は、立身出世というきわめて人間的な望みをかなえる神となった。

豊臣秀吉ゆかりの出世稲荷は全国的に有名だが、秀吉は、荼吉尼真天を祀る豊川稲荷に帰依している。ほか、今川義元、織田信長、徳川家康らも豊川稲荷を信仰した。

寺鎮守稲荷

稲荷が寺の護法神となる場合や、高僧を守護する場合がある。密教系の寺院には豊川稲荷が勧請《かんじょう》されているケースが多い。

稲荷が寺へ修行をしに来た、寺院の修繕費用を捻出した、朽ち果てた稲荷堂の再建を頼みに来た、などの伝承が見られる。

出世稲荷神社

（京都市上京区千本通旧二条下ル）

関白太政大臣となった豊臣秀吉は、天正一五年（一五八七）に聚楽第《じゅらくだい》を造営する際、天下統一をなしえたのは稲荷信仰のおかげとして、邸内に稲荷を勧請。翌年、この稲荷社へ参拝した後陽成《ごようぜい》天皇から「出世」の称号を賜った。寛文年間に現在地へ移転。今日にいたるまで、出世開運を願う参拝者が絶えない。

沢蔵司稲荷

（東京都文京区小石川・伝通院境内）

伝通院《でんつういん》に沢蔵司《たくぞうす》という優秀な修行僧がいた。この僧の正体は江戸城内の稲荷大明神で、浄土宗を学ぶことがかねてからの望みであった。それをかなえてもらった恩返しとして、伝通院を永久に守護することを申し出たという。

出口稲荷神社
（山梨県南都留郡山中湖村）
出世稲荷神社
（埼玉県飯能市山手町）
成田山出世開運稲荷
（千葉県　成田山新勝寺境内）
出世稲荷
（東京都大田区田園調布）
被官《ひかん》稲荷神社
（東京都台東区　浅草神社境内）
駒止《こまどめ》稲荷神社
（東京都墨田区横網）
春日局《かすがのつぼね》 出世稲荷
（東京都文京区本郷）
長栄稲荷社
（大田区池上 池上本門寺境内）
白雪《はくせつ》稲荷
（愛知県名古屋市 万松寺境内）
昭徳稲荷神社
（新潟県妙高市大字二俣）
久 助《きゅうすけ》稲荷
（千葉県浦安市 大蓮寺境内）
長門豊川稲荷
（山口県長門市 大寧寺境内）
花岡福徳稲荷社
（山口県下松市 法静寺境内）

文学に記された稲荷神

――説話、伝承、今様などに語られる稲荷信仰――

稲荷神ほど、さまざまな文学に登場する神は、珍しいのではないだろうか。『山城国風土記』逸文を皮切りに、女流文学の『蜻蛉《かげろう》日記』『枕草子』、さらには『大鏡』『古今著聞集』『今昔物語集』『十訓抄《じゅっきんしょう》』『梁塵秘抄《りょうじんひしょう》』など、多くの文学作品の中でその姿が、あるいは稲荷詣《もうで》の風俗が語られている。

文＝渡邊昭五

無数の伝承に彩られた稲荷神

稲荷信仰の原初形態は、他の多くの産土《うぶすな》の神（生地の神）と同じく五穀の稔《みの》りを祈念したものであったろうが、社会の展開と人間生活の多様化において、衣食住全般に恩徳を施す神徳を以《もっ》て崇《あが》められ、平安期の本地垂迹《ほんじすいじゃく》思想の敷衍《ふえん》化とともに、東寺《とうじ》の鎮守《ちんじゅ》として社運は隆盛をきわめた。今日でも、朱《あけ》の鳥居の幾重にも続くその社祠《しゃし》は、全国のどこに行っても見られ、その数は無限といっていいほどの（実際の数は計りしれないほど）夥計《かけい》を誇っている。また、それにまつわる縁起《えんぎ》の数も、無数の伝承性を具《そな》えている。

奈良時代の記録に残る『山城国風土記』逸文の「伊奈利社」の一条には、京都市伏見区深草に鎮座し、秦忌寸《はたのいみき》の遠祖《えんそ》である伊呂具《いろぐ》秦公《はたのきみ》が的にして射た餅が、白鳥となって飛び去り、その留まった山の峯に稲が生じたという説話を記している。
この奇瑞《きずい》からイナリの名が生じたということで、『山城国風土記』は、〈伊禰奈利生《いねなりお》〉いた、と記している。白鳥が稲に化生《けしょう》したのか、白鳥の降りた場に稲が生いたのか……は、説明が不十分で不詳だが、このイネナリの語が約《つづ》まって、イナリの名となった、と考えられる。

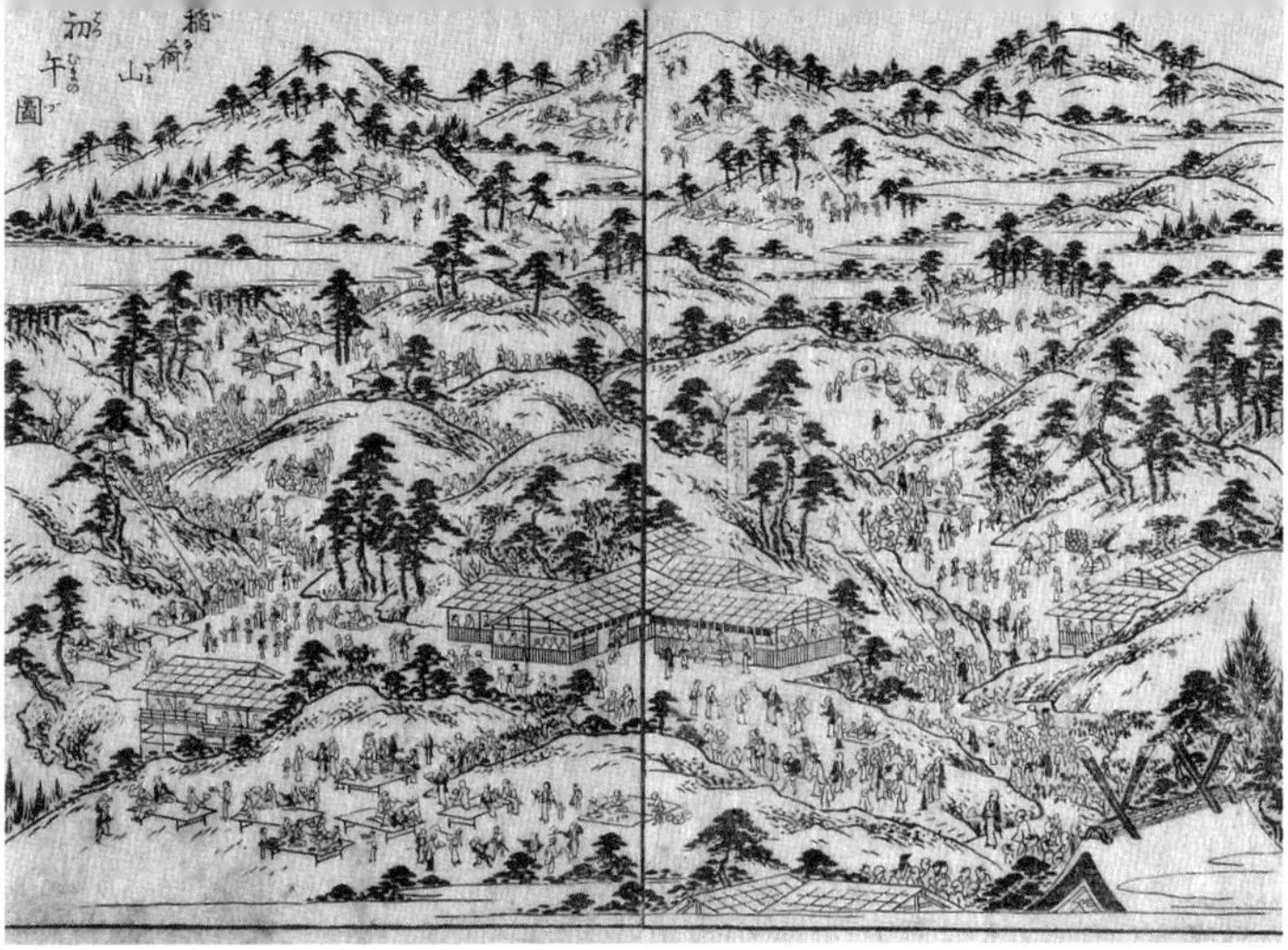

稲荷山初午図
稲荷山は古来、初午前日の巳の日から参拝者が押し寄せる名所として知られ、授与される「験の杉」は平安時代から和歌に詠まれていた。(『拾遺都名所図会』巻之二)

風土記や平安文学に描かれる「験の杉」

ただ、このイネナリオの一条は、江戸後期の国学者の伴信友《ばんのぶとも》が、『験《しるし》の杉――稲荷神考証』という大著で考証したもので、『山城国風土記』の原文は発見されておらず、文亀《ぶんき》三年（一五〇三）の奥書の『延喜式神名帳《えんぎしきじんみょうちょう》頭注《とうちゅう》』の本文が、この根本の史料となっているため、確固たるところが不明であるということになる。ただ、イネナリ（という四シラブルの云いにくい語）が長い云《い》い慣《なら》わしでイナリとなる言語の約音化は、他の国語学約用例を以てしても、無数の類例があり、日本語の特徴ともいえるところであろう。
さらに、逸文『山城国風土記』には、このような続きがある。

……その苗裔《すえ》に至り、先の過《あやまち》を悔いて、社《やしろ》の木を抜《ねこ》じて、家に殖《う》ゑて祷《の》みまつりき。今、其の木を殖ゑて、蘇《い》きばさきはひを得《え》、其の木を殖ゑて枯《か》れば、さきはひあらず。

この逸文に拠《よ》るのか如何《いかが》か……は判然としないのであるが、稲荷参詣者があの長い登山道を歩く途中に、参道の「験の杉」という杉の枝を折りとって自宅に持ち帰り、これが自家の庭で根づけば祈願の効験があった、とする伝承も、この信仰習俗と不即不離《ふそくふり》であろうと考えられる。

なお、「稲荷」という熟語の文献的初出は『類聚国史《るいじゅうこくし》』*1淳和《じゅんな》天皇の天長《てんちょう》四年（八二七）の正月の詔《みことのり》ということになっている。また、「稲荷詣《もうで》」の中古風俗も『蜻蛉《かげろう》日記』『枕草子』『大鏡』などに点描されている。

稲荷と東寺との結びつきを記す伝説

中近世の仏教信仰の庶民化（本地垂迹化の流れにおいて）とともに、稲荷社は東寺（教王護国寺）の鎮守とされて、その縁起類をはじめとする多岐の文学作品は、真言宗開祖の弘法大師伝説を混淆《こんこう》する類《たぐい》が、そのほとんどを占めている。たとえば、北畠親房《きたばたけちかふさ》の著と伝えられる『二十一社記』には、次のごとき伝説を記す。

大師の弟子の実恵《じちえ》が、東寺南大門を通過する時に、稲を背負った老夫婦が多数の供を率いて休んでいた。実恵は、このことを大師に報告すると、大師は中門に皆を招き入れて、「どこへ行くのか」と訊《たず》ねた。老夫婦は「比叡山《ひえいざん》の伝教《でんきょう》大師に招かれた」と答えた。大師は、「比叡山には日吉神が鎮守として鎮《しず》まっているから、この東寺を守護してください」と頼んだところ、老夫婦は承諾して、今の稲を荷《にな》った神（翁《おきな》）が、境内に鎮座された。

ということで、稲荷と東寺（真言密教）との結びつきを説明している。

大般若経の読経を勧めた稲荷神

中近世の文学作品に現れる稲荷神も、その原典は稲荷社の多くの縁起《えんぎ》にあり、その由緒《ゆいしょ》は

*1　菅原道真の編纂により、八九二年に成立した歴史書。もとは計二〇五巻であったが、応仁の乱の際に散逸したとされ、現存するのは六二巻。

*2　平安時代中期の真言宗の僧。九二七年に醍醐天皇の護持僧（清涼殿に宿直して天皇の安泰を祈る役目を負う僧）となり、真言教団の成立に貢献した。

東寺
稲荷神と弘法大師とが出会い、弘法大師が東寺に稲荷神を招いたという伝説は、『二十一社記』などに見える。

『稲荷大社由緒記集成』（全集・伏見稲荷大社発行・昭和三十一年）に網羅されている。

それらの諸縁起から抽出された稲荷説話も、『古今著聞集』『今昔物語集』『十訓抄』などに収載されている。

たとえば、『古今著聞集』神祇《じんぎ》第一の三には、延長八年（九三〇）に貞崇《じょうすう》*2が清涼殿《せいりょうでん》にて念仏をした折に、稲荷神が現れて大般若経《だいはんにゃきょう》の読経《どきょう》を勧《すす》めたとの記事が見える。

> 延長八年六月二十九日夜、貞崇法師、勅《ちょく》を承《うけたまわ》りて清涼殿に候《そうろう》して念仏し侍《はべ》りけるに、夜やうやうふけて東のひさしに大なる人のあゆむをと聞えけり。貞崇すだれをかきあげて見ければ、あゆみかへるをとして人見えず。其後また小人のあゆみくるをとす。やうやうちかくなりて、女聲にて、なにによりて候ぞととひければ、貞崇勅を承りて候よしをこたふ。小人のいひけるは、先度《せんど》汝《なんじ》大般若の御読経つかうまつりしに験《げん》ありき。はじめ歩み来りつるものは邪気也《じゃきなり》。彼経《かのきょう》によりて足やけそんじて調伏《ちょうぶく》せられぬ。後のたびの金剛般若の御読経奉仕の時は験なかりき。此《この》よしを奏聞《そうもん》して大般若の御読経をつとめよ。我はこれ稲荷の神なりとてうせ給ひぬ。貞崇、此よしを奏聞し侍りけり。

また、同神祇第一の三十には、大和守重澄《やまとのもりしげすみ》が稲荷社に詣でて、大夫尉に昇進したにもかかわらず、兵衛尉になろうとして賀茂社に参籠したが、夢に稲荷神の使者が示現《じげん》して、〈我膝《わがひざ》もとに生まれながら我を忘れたるものなり〉と伝えて、賀茂神《かものかみ》の利生《りしょう》を留《とど》めた説話を記す。他にも、垣舜《かんしゅん》が稲荷から利生を得たが、日吉神の命で利生を留められた説話もある。

『稲荷大明神利現記《りげんき》』（由緒記集成・教化著作篇）にも、稲荷大明神の示現に拠る類似の説話が、十五話ほど収載される。いずれも、母の重病が治癒したとか、白狐のくわえてきた稲穂によって仕官がかなったとか、白狐の託宣によって商売を始めたところ、三年で大富豪になった、などという説話である。

『十訓抄』には、和歌を好む稲荷大明神が、和泉式部に襖《あお》*3を与え参詣をさせて、〈時雨《しぐれ》する稲荷の山のもみぢ葉はあおかりしより思ひそめてき〉と、詠《よ》んでいる。式部参詣のこの説話は、『古今著聞集』巻五にもあり、謡曲「稲荷」としても伝承され、有名である。

『梁塵秘抄』に謡われた神社の姿

平安中末期に大流行した大衆歌謡の今様《いまよう》にも、稲荷神のことは謡《うた》われている。全二十巻のうち、現存する本文はたった一巻の『梁塵秘抄《りょうじんひしょう》』巻二の、〈神社歌六十九首〉の中に、〈稲荷十首〉が〈春日〉〈住吉〉〈賀茂〉〈石清水〉など、十六社の中で最も数多く謡われている。

その冒頭は、次の一首である。

稲荷には禰宜《ねぎ》も祝《はふり》も、神主《かうぬし》も無《な》きやらん、社《やしろ》こぼれて、神《かみ》さびにけり　（五一二）

ここでは、社が壊されていっそう凄味《すごみ》を加えているように見える……と、謡われている。もっとも、破壊され、さびれていたのは奥の上の社であろうか、と、新間進一は云っている（日本古典文学全集・小学館・昭和五十一年）。本地垂迹化の進む平安中末期に顧《かえり》みられなくなってゆく神社の姿を謡っていたのかもしれない。

なお、狐との結びつきは、日吉の狐・春日の鹿・熊野の鴉《からす》・八幡の鳩などと同様に、産土神時代の太古の山の神の使者としての民俗信仰からであろう。京都市深草の背景となっているたたなづく山々には、中古中世では狐も多く棲《す》みついていたのであろう。

後白河法皇
少年のころから今様を好んだ後白河法皇（在位1155～1158年）は、『梁塵秘抄』を編纂した。もとは本編十巻、口伝集十巻と考えられているが、現存するのはごく一部のみである。（やよい文庫蔵）

*3　上に着る袷《あわせ》の衣。下の和歌ではもみぢの「青」と掛けている。

渡邊昭五（わたなべ・しょうご）　大妻女子大学名誉教授。著書に『日本伝説大系』（みずうみ書房）、『伝承文学とは何か』（三弥井書店、共著）などがある。

【大江戸稲荷探訪録】

東京のお稲荷さん

文＝編集部

めまぐるしく街の様相を変えていく大都会で、かつて「犬の糞」に譬《たと》えられるほどの数を誇った稲荷社は

今、どうなっているのか。

江戸のお稲荷さんの面影を探しに街を探索したところ、思いがけないほど多くの稲荷社がしたたかに健在であった。

烏森神社。かつては烏森稲荷として崇敬を集めた。

大都会のすきまにおわします

大消費地・東京のメッカと言うべき銀座の街のそこかしこに、稲荷社が点在していた。「銀座八丁めぐり」と題する社寺巡りの企画では、十二の神社のうち実に十社を稲荷社が占める。その多くが、絶えることのない再開発の波と、何とか残してほしいという地元町会の熱意がぎりぎりのところで折り合いをつけ、残された知恵の賜物《たまもの》である。ともあれ、こんにちも続く銀座の繁栄は、稲荷神の加護によるものだった——のかもしれない。

路地裏稲荷

ビルとビルのわずかな隙間《すきま》に延びる暗い“参道”をゆくと、ビル外壁にはめ込まれたそこだけ赤い「豊岩《とよいわ》稲荷」の社があらわれる。御利益は縁結び。（中央区銀座七丁目）

会社の守護神

資生堂本社の屋上におわすは、創業時に豊川稲荷から勧請《かんじょう》したその名も成功稲荷社。創立記念日には社長以下、役員、社員代表も列席して祭典が営まれる。（中央区銀座七丁目※一般の参詣は不可）

デパ上稲荷

銀座松坂屋の屋上の靏護《かくご》稲荷神社。小さいながら立派な鎮守の森である。江戸期に勧請《かんじょう》した伏見稲荷大社の神霊と豊川稲荷の画軸をあわせ祀り、火除けの霊験《れいげん》絶大という。（中央区銀座六丁目）

本殿は屋上

朝日稲荷神社。銀座ではよくあるビル寄生型だが、1、2階を吹抜け拝殿とし、願い事は外壁をつたうパイプを通って屋上の本殿へ届くというシステム。（中央区銀座三丁目）

共存共栄？

表通りのチョコレートブティックと共存しているあづま稲荷大明神。戦後このあたりで火事が続発し、調べるとかつて稲荷社があったことが判明。お祀りして以降は火事と無縁だとのこと。（中央区銀座五丁目）

踊り場稲荷

今村《いまむら》 幸《さいわい》 稲荷神社。江戸初期、この地一帯を拝領した旗本・今村彦兵衛と古町名（幸町）に由来。二階は民家ではなく、社務所兼集会所だ。（中央区八丁堀三丁目）

明治から戦前にかけて信仰のピークを迎えた穴守《あなもり》稲荷神社参道脇の狐塚《きつねづか》。奉納されたさまざまな狐像が、祠《ほこら》の周辺に蝟集《いしゅう》している。（大田区羽田五丁目）

享和《きょうわ》二年（一八〇二）と銘記のある三圍《みめぐり》神社の石狐（阿形《あぎょう》）。当地の職人言葉では目尻の下がった優しい表情を、「みめぐりのコンコンさんみてぇだ」というらしい。（墨田区向島二丁目）

子狐と玉（宝珠《ほうじゅ》）を抱く三圍神社・境内祠《けいだいし》の石狐（阿形）。大正時代の作で、一般に、時代が下るほど玉や鍵《かぎ》の持物が定番となり、表情も険しくなる傾向にあるようだ。

ようこそ霊狐の棲まう社へ――

稲荷社を巡る楽しみのひとつは、個性的な摂社・末社の存在にある。そこで目を引く重要なアイテムが、石造りの狐像だ。これらが稲荷社のシンボルとして登場するのは、（江戸の場合）十八世紀後半ごろからといわれているが、さまざまな庶民信仰が高まりをみせ、「お狐さん」がしばしば流行神の主役となったこの時期だけに、古い像ほど何ともいえない味わいを醸《かも》し出している。神使《しんし》の威厳《いげん》というより、親近感や温かみを感じさせる造形は、霊狐《れいこ》に対する人々の眼差しを物語っている。

飛行来影の像

神狐《しんこ》出現の瞬間を永遠に再現する太田姫《おおたひめ》稲荷の木造飛行《ひぎょう》白狐《びゃっこ》像。社伝によれば、大田道灌資長《おおたどうかんすけなが》と姫君の祀る神があるとき白狐をあらわし、「われこの城の鬼門を守るべし」と託宣《たくせん》したという。（千代田区神田駿河台一丁目）

稲《いね》荷《な》りの神使

千住神社境内の最上位経王稲荷社の石狐。最上位経王（菩薩）は法華経の守護神とされている。豊川稲荷と同様、稲束を担う神使は仏教系の稲荷社で散見される。（足立区千住宮元町）

長老ご健在

明和《めいわ》元年（１７６４）作で江戸石狐の最古参のひとつ。口を閉じた吽《うん》形で（口を開けた阿形と一対）、頭上に玉を戴《いただ》く古風なスタイル。（王子稲荷神社／北区岸町一丁目）

花園《はなぞの》神社の摂社、威徳《いとく》稲荷神社の石狐（吽形）。神使の威厳と親子狐の情愛を伝える秀品。「子育て」守護の稲荷信仰のためか、親子の狐像は意外に多い。（新宿区新宿五丁目）

子背負い狐

かの広重《ひろしげ》筆「王子装束《しょうぞく》ゑ《え》の木」の舞台に建つブロンズ製の狐像。玉を咥《くわ》え、もう一体の鍵を咥えた像と対座する定番の形で、現代的なデザインが光る。（装束稲荷神社／北区王子二丁目）

最新モード

太郎稲荷

江戸末期、「二、三夜籠《こ》もって供物《くもつ》を捧げ、『太郎神、太郎神』と呼べば霊狐があらわれ、盲目《もうもく》は杖をはなれ、足疾《あしやみ》高きに登る」などと喧伝され、大流行した霊蹟。人造の狐塚が残っている。(台東区入谷二丁目)

狐の穴跡

「毎歳十二月晦日《みそか》の夜、諸方の狐おびただしく集まり来る」と伝えられた王子稲荷。こんもりした台地の中腹に位置する境内の最奥に「狐の穴跡」がある。かつて山中に多くの狐が安住し、神使として大切にされていたという。(北区岸町一丁目)

神使が出現した伝説の「穴」

お穴様

狐穴《きつねあな》そのものを神蹟《しんせき》として祀る、通称「上野の穴稲荷」。『江戸名所記』に「太田の道灌《どうかん》これを勧請《かんじょう》せらる。本社は洞《ほら》の内にあり。洞の上にもまた社あり」とある。(花園稲荷神社／台東区上野公園)

稲荷社を巡礼して早々に気づかされるのが、狐塚《きつねづか》の存在だ。社祠《しゃし》の裏に狐塚が築かれたり、あるいは狐塚の上に祠《ほこら》が建ってたりする。そしてそれらの多くには、穴らしき窪みが穿たれている。この穴は伏見稲荷大社の裏山に通じるなどと伝えられる一方、〝穴〟から霊狐が出現し、ご利益をもたらすと喧伝《けんでん》され、流行神《はやりがみ》となった霊蹟もひとつやふたつではない。狐塚はミニ稲荷山にほかならず、その穴は御利益の源泉にして稲荷神界と通じる神秘の回路だったのである。

隅田川の畔《ほとり》、石浜《いしはま》神社の境内にある真先《まっさき》稲荷の奥宮・招来《おいで》稲荷の白狐神祠《びゃっこしんし》。「この穴の前で供物《くもつ》を用意し、神主が御出御出《おいでおいで》と手を打ち、神狐が出て食らえば願いが叶い、食わなければ叶わず」といわれたという。（荒川区南千住三丁目）

←↑三圍《みめぐり》稲荷境内の白狐祠。かつてこの祠を守る老夫婦がいて、嫗《おうな》が呼べばどこからともなく狐が現れて願い事を聞き、またいづれかへ姿を消したという。祠の脇に狐穴が築かれ、多数の石狐がガード（?）している。

ひそかに保たれる祈りの場

日本資本主義経済の中枢と言うべき日本橋兜町《かぶとちょう》に、ひっそりと、それでいて大切に守られている稲荷社があった。奉納額を見ると、地元名士や老舗《しにせ》のほか、銀行・証券会社の名前がずらり。裏に回ると、ぼろぼろになりながらも健気に鎮座する神使と、うずたかく石が積み上げられた狐塚があった。栄枯盛衰のただ中にあればこそ、人は秘めやかな祈りの場を必要とし、神使の出現を待ちわびるのである。

（上）背後に高速道路が横たわるビルとビルの間に鎮座する大原稲荷神社。小社ながら、手篤く祀られている様子がうかがえる。（左）同社裏の狐塚。「天一位」の冠称は他の稲荷社にないものだ。

【第三章】

稲荷大神と出会う

稲荷祭・神輿の区内巡幸。（写真＝伏見稲荷大社）

伏見稲荷大社の祭り①

大山祭［一月五日］

――新たな年に稲荷大神の再臨を祈念する

毎年おびただしい数の初詣《はつもうで》の人々を迎える（平成二十一年は二七七万人）伏見稲荷大社。その熱気も醒めやらない正月五日、本来の意味で神社に新年を告げる祭りが行われる。

祭場となるのは、本殿および山中の御膳谷《ごぜんだに》奉拝所である。同所は稲荷山の三ヶ峰を遙拝《ようはい》する扇の要《かなめ》というべき場に位置しており、そこで行われる祭りは、御神体と仰ぐお山の祭場で神のご降臨を願う、古式豊かな祭りである。

祭りに先立って、当日午前中に注連張《しめはり》神事が行われる。これは、山内七か所の神蹟《しんせき》の外玉垣《そとたまがき》に文字通り注連縄を張り巡らすというもので、新たな年の神迎えの場を整える意味をもつ。こうして、正午に本殿の儀、午後一時三十分から山上の儀という運びとなる。

大勢の人が待ち受けるなか、神職らが御膳谷奉拝所の祭場に到着。伶人の奏楽のもと、中汲酒《なかくみざけ》（濁り酒）が満たされた七十枚の斎土器《いみどき》を唐櫃《からひつ》から取り出し、御饌石《みけいし》とよばれる霊石の上に供される。次に、宮司が本日の祭儀の主旨を記した祝詞《のりと》を奏上したのち、玉串《たまぐし》を奉奠《ほうてん》し、神楽が奏される。

祭りに引き続いて直会《なおらい》があり、御神酒がふるまわれるが、このときの斎土器は福徳のしるしとされ、とくに醸造家には酒の質をよくする土器として珍重されている。また、神職とともに参列者もいただく「日蔭蔓《ひかげのかづら》」は、天岩戸《あめのいわと》開き神話で天宇受賣命《あめのうずめのみこと》が天照大神《あまてらすおおみかみ》の再生を祈念して身にまとった「天之日影《あめのひかげ》」と同様のもので、若返りのしるしとされている。これら縁起物は、いずれも新年を迎え、若々しくよみがえる稲荷大神の再来を象徴するものである。

こうして新たな年の神気をいただいた一同は、日蔭蔓を首から掛け、宮司を先頭に、長者社《ちょうじゃしゃ》、上之社、中之社、荷田社、下之社、田中社の順に山中の神蹟を巡拝する。

（上）**大山祭《おおやまさい》、御膳谷《ごぜんだに》奉拝所の祭儀**
御饌石《みけいし》と呼ばれる霊石のうえに斎土器《かわらけ》70枚を置き、神事が行われる。通常は背後の祈禱殿《きとうでん》で三ヶ峰の神々に朝夕の日供《にっく》が奉られるが、この日は通常置かれている祭具のほか、御饌石を護る瑞垣《みずがき》が取り払われる。かつては、福徳を招く土器を求めて殺気だった争奪戦が繰り広げられたが、現在は参列者らはおとなしく順々に直会《なおらい》にあづかる。（以下、写真＝伏見稲荷大社）
（左）**山中の神蹟《しんせき》を巡拝する**
宮司を先頭に、日蔭蔓を掛け、杉の小枝を挿頭《かざし》た神職、崇敬者ら一行は各神蹟を巡拝する。

（右ページ図版）『都年中行事画帖』（詞書・江馬務、画・中島 荘陽　国際日本文化研究センター蔵より、以下の図版も同様）

伏見稲荷大社の祭り②

初午大祭 ［二月初午の日］

――稲荷大神のご神徳が宿る「しるしの杉」の授与

冬は御霊《みたま》の「殖《ふ》ゆ」を意味しているという。大山祭の翌日からは寒《かん》の入り。この日から初午《はつうま》までの約一か月は神の霊験がもっとも著しい時期とされ、古来「寒参り《かんまいり》」がさかんに行われてきた。そんな中、境内では、邪気や陰気を祓《はら》い陽気を迎える奉射祭《ほうしゃさい》（一月十二日）が行われる。

やがて立春を迎え、二月初午の日がやってくる。新暦ではまだまだ寒さが残る時期だが、本来旧暦のこの時期は、まさに深草の里に春の兆《きざ》しを知らせる時候だった。

稲荷大神は和銅《わどう》四年の二月初午の日に稲荷山の三ヶ峰にはじめてご鎮座になったとされ、それが初午大祭の由緒と伝えられる。ただし、この日を〝選ばれた〟のは偶然ではないだろう。陰陽十二支《いんようじゅうにし》の考え方からも、二月の初午は天地の陽気が発動し、稲荷大神の御霊が山から里へと降臨されるにふさわしい吉日だったはずである。

神事は、前々日の初辰《はったつ》の日に行われる「青山飾り《おおやまかざり》」から始まる。古式にのっとり、稲荷山の杉と椎《しい》の枝を重ねてくくり、大きな紙垂をつけ、本殿以下各摂末社《せつまっしゃ》の社殿に取りつけるというものである。これは神迎えの依り代《よりしろ》であり、豊かな陽春の恵みがもたらされる象徴《シンボル》でもあろう。

ただ実のところ、神事としてはこれ以外に特筆すべきものはない。重要なことは、参詣者に「しるしの杉」を授与し、稲荷大神の霊験を頒《わか》ち合うことにあるのだ。

そして参詣者は、初午前日の初巳《はつみ》の日から境内につめかけ、青山飾りで彩られた社をめぐる。巳は身に通じ、前日宵宮《よいみや》に詣でれば「身の福を得る」とも伝えられているからだ。ともあれ初午は、平安の昔から新しい年の福を願う人々のための祭日であり、大神の「しるしの杉」を拝受して商売繁盛や家内安全の証《あかし》をいただく好日なのである。

（上）**初午大祭《はつうまたいさい》、本殿での神楽舞《かぐらまい》**

本殿の柱に稲荷山の杉と椎の枝でつくられた「青山飾り」が懸けられたなか、杉を挿頭《かざ》した神楽女によって神楽が奏される。

（中）**社頭での「しるしの杉」の授与**

商売繁盛・家内安全のお守りとして知られる御符だが、その歴史は古く、稲荷社の杉の小枝をいただくという風習は平安時代の中ごろには広く知られていた。当時盛んになった紀州熊野詣《きしゅうくまのもうで》の往き帰りには、必ず稲荷社に参詣し、杉の小枝を体のどこかにつけるのが習わしだったという。

（下）**奉射祭《ほうしゃさい》（1月12日）の模様**

本殿の祭典の後、神苑斎場《しんえんさいじょう》で副斎主《ふくさいしゅ》が神矢をもって四方天地を射て、つづいて神職２名が真矢《まや》で大的を射る。このときの矢の当たり方が、その年の五穀の豊凶《ほうきょう》を占うものといわれる。いわゆる御弓《おゆみ》始《はじめ》神事で、多くの古社でも行われるが、伏見稲荷大社の場合、とくに『山城国風土記』逸文に記された稲荷神の御鎮座由来の伝説にいう〈的にした餅が白鳥となって山へと飛び翔けた〉逸話を思い起こさせる点で、興味深いものがある。

伏見稲荷大社の祭り③

稲荷祭
―神社の由緒をも物語る最大の祭典

［神幸祭／四月二十日前後近接の日曜日］
［還幸祭／五月三日］

伏見稲荷大社の年中行事のうち、最大の祭典であり、京洛を代表する祭りのひとつとして知られている。

この祭りをひと言でいえば、稲荷大神が年に一度産土地《うぶすなち》（氏子区域）を巡幸し、ご神徳を垂れるという神事である。大別すれば、神璽《しんじ》を神輿《しんよ》に奉遷して大社を出発し、京都駅近くの御旅所へと向かう神幸祭《しんこうさい》と、御旅所から東寺や氏子区域を巡幸して本社に還御する還幸祭《かんこうさい》のふたつからなり、神璽が御旅所に奉安される期間、五基の神輿がそれぞれの産土地をめぐる区内巡幸も行われている。

ちなみに、元来、稲荷祭といえば還幸祭のことを指したという。

そのはじまりは平安時代の前期にさかのぼり、やがて葵《あおい》祭《まつり》や祇園祭《ぎおんまつり》とならぶ華麗な祭典へと発展。渡御の沿道に設けられた桟敷《さじき》におびただしい人々がつめかけた様子が文書や絵図に残されている。稲荷祭の発展は、洛中の三分の一ほどの地域が稲荷社の産土地と定められ、稲荷大神が皇城の巽《たつみ》（東南）の守護神（福神）として広く崇《あが》められるようになったことが、その背景にあったとされている。

そんな還幸祭の当日、本殿では古くから伝えられている葵桂奉懸《あおいかつらほうけん》の儀が行われる。

これはふたたび神璽《しんじ》を迎えるために、本殿内陣の御簾《みす》を葵と桂で飾る神事である。また、宮司以下祭員および供奉《ぐぶ》者《しゃ》は葵桂の小枝を挿頭《かざ》し、お迎えの列を整えて御旅所へ向かう。このことは、神幸祭のときに杉の小枝を挿頭すことを考え合わせると意味深長である。

そして還幸祭の途中、ゆかりの深い東寺で神供《じんく》を受ける。

こういった伝統は、稲荷祭が当社の由緒にかかわる意義をも秘めた祭りであることを物語っている。

４月下旬に行われる神輿《しんよ》五基の区内巡幸。(写真は京都駅前にて)。

(左上) 神幸祭、神璽奉遷《しんじほうせん》

冠・烏帽子《えぼし》に杉の小枝を挿頭した祭員らによって本殿から神輿へ遷される。この後、神輿は荷台の低い専用のトラックに載せられ、御旅所へと向かう。

(左下) 還幸祭《かんこうさい》、葵桂《あおいかつら》を挿頭す儀

本殿内陣の各御簾《みす》五条に、葵桂を懸ける儀がおこなわれたのち、宮司以下祭員は葵桂を冠・烏帽子に挿頭す。

(上) 還幸祭、東寺での神供《じんく》

五基の神輿は東寺（教王護国寺）に立ち寄り、神供を受ける。その後、２時間ほど京都市内の氏子区域を巡幸し、本社に還御する。

(右) **火焚祭《ひたきさい》の場面**

神苑斎場《しんえんさいじょう》において行われるもので、全国の崇敬者から奉納された十数万本の火焚串《ひたきぐし》(上写真)が火床《ひどこ》に放たれ、焚き上げられる。このとき、宮司以下神職をはじめ参列者一同、大祓詞《おおはらえことば》を奉唱し、罪障消滅《ざいしょうしょうめつ》、万福招来が祈られる。いわゆる「お火焚き」は京都の各社でも行われているが、伏見稲荷大社のものは全国一のスケール。立ち上る迫力満点の炎は目を見張らせるものがある。(この２点のみ、写真＝新田義人)

(下) **「御神楽《みかぐら》」奉奏**

御神楽は火焚祭の日の夕刻６時から行われる。庭燎《にわび》を焚いた中で行う、古《いにしえ》の鎮魂祭にもとづく神事で、一時中絶していたが、江戸幕末期に再興された。現在は大社神職によって奉仕されているが、かつては禁裏《きんり》御所の思召《おぼしめ》しによって奉納されていたという。本歌・末歌・和琴・笛・篳篥《ひちりき》が次々と奏でられ、早韓神《はやからかみ》の曲に合わせて荘重古雅な「人長舞《にんじょうまい》」が舞われる。

伏見稲荷大社の祭り④

火焚祭［十一月八日］

――大神の神恩を感謝し、御霊をお山に送る

新年のはじめに神を迎え、春の訪れとともに里に降りた神霊は、そのはたらきを終え、本源のお山に帰っていく。秋の収穫を終えたこの時期に行われる火焚祭《ひたきさい》は、五穀および万物を育み、もたらしてくれた稲荷大神の神恩を感謝し、その御霊《みたま》をお山にお送りする祭典である。とくに伏見稲荷大社の場合、古式にもとづく伝統行事として知られている。

まずは、午後一時から本殿で行なわれる火焚祭において、宮司の祝詞奏上の中ほどで、前もって神前にて火鑽《ひきり》で熾《おこ》された忌火《いみび》をもちて神田でとれた新藁《にいわら》を焚《た》き上げる古式の神事が執り行なわれる。つづいて、本殿背後にある神苑斎場《しんえんさいじょう》にて火焚神事が執り行われる。斎場中央には三基の火床《ひどこ》が設けられ、宮司以下神職らの奉唱する大祓詞《おおはらえことば》と神楽女《かぐらめ》の振《しん》鈴《れい》の音に合わせて、全国の崇敬者たちの願い事が記された十数万本もの火焚串《ひたきぐし》が火床に放たれる。

新藁を焚き上げるのは、いまだ今年の稲霊が宿る藁を焚き上げることで、大神の御霊を元の座に返し、来る年の復活を請う意味と考えられている。そこに火焚串が加わるのは、「火の霊力によって災いをしりぞけ、その上に福を招こうとする信仰が加わった」（『伏見稲荷大社の歴史』）もので、仏教や修験道の護摩との共通性も感じさせる。

ともあれ、火を用いる神事には、遊離しようとする御霊を元に鎮めるとともに、活力を振り起こし、よみがえらせる「鎮魂《ちんこん》」の意味がこめられているという。つづく御神楽《みかぐら》もまた、そうした神々への鎮魂儀礼にほかならない。

夕闇が包む午後六時、神前に庭燎《にわび》が焚かれ、浄闇《じょうあん》のなか、雅楽の調べに乗せた古雅な人長舞《にんじょうまい》がつづく。火焚祭の迫力とは対照的に、厳かにして雅やかな雰囲気が包み込む幻想的なひとときである。

稲荷霊験記の世界

お稲荷さんの霊験譚
―切実な願いが通じた奇跡の数々―

古くからもっとも身近な神様として親しまれてきた稲荷神。
その信仰はあくまで現世利益的なものが中心だ。
江戸時代の書物『稲荷大明神利現記《りげんき》』には、そんな稲荷の霊験譚《れいげんたん》が集められている。
そこから見えてくる稲荷神の不思議なご神徳とは？

文＝門賀美央子

琵琶の音色に込められた祈り

この書物は、江戸時代の元禄《げんろく》年間（一六八八～一七〇四）に上梓《じょうし》された。稲荷講の人々が、稲荷信仰の盛んなることを願って出版を計画したらしく、巻末には発起人と思しき四名の名前が記されている。著者の詳細は不明だが、内容を鑑《かんが》みるに稲荷社に仕える神官か、もしくは篤《とく》信《しん》の学識者が編纂《へんさん》に携わったと見てよいだろう。

三十超も集められた霊験譚は、まず「高博《たかひろ》琵琶を弾《ひき》利生《りしょう》を蒙《こうむ》る事」と題された話で始まる。治承《じしょう》年間（一一七七～一一八一）のこと。高博なる人物がいたが、その母が重い病を得て、余命幾ばくもない状態になった。親思いの高博は一週間稲荷社に参籠し、母の平癒を心から祈った。その満願の夜、高博は神に献《ささ》げようと「上玄石象」という琵琶の曲を演奏していた。やがて真夜中を過ぎ、今しも神前の灯明が消えようとしたそのときである。突然御宝殿の金の扉が押し開かれ、一人の童子《どうじ》が姿を現して灯を高く掲げたのだ。高博は、これを神が願いを聞き届けてくれた証拠と考え、翌日家に帰った。するとやはり母の病は癒《い》えており、その後もつつがなく過ごすことができたという。

これは、鎌倉時代後期ごろに書かれた『源平盛衰記《げんぺいせいすいき》』の「高博稲荷社琵琶事」が原話になっていて、内容はほぼ同じだ。著者は古今の書物から、稲荷神に関する霊験譚を熱心に集めたようである。

運命を変えてでも救いの手をのべる

ほかにも盲目や下半身麻痺など、生まれつきの障害を負った人々が、稲荷神を熱心に信仰することで回復するさまが繰り返し描かれている。そんな中でとくに印象的なのは、「重病をいのり治《ちし》たる事」という話だ。

さまざまな霊験譚が紹介されている『稲荷大明神利現記』の表紙の見返し。

京は山科の里に、裕福な夫婦が住んでいた。夫婦には男の子が一人いたが、その子は生来病弱で、薬石《やくせき》の甲斐もなく、まもなく命尽きようとしていた。それも寿命と言ってしまえばそれまでだが、諦めきれないのが親の情というもの。二人は最後の手段とばかり稲荷社に詣で、「息子をお助けください」と必死になって祈った。

すると、十七日目の夜、夢枕に稲荷神が現れ、「お前たちの子供が死のうとしているのは定められた運命だ。しかし、お前たちの嘆きようはあまりに不憫《ふびん》である。よって、息子を助けてあげよう。もう命の心配はない」と

近親者の疾病平癒への切実な祈願は、今も昔も変わることはない。（写真＝稲荷山中の薬力社にて）

告げたのだ。

目が覚めた両親が喜び勇んで家に帰ったところ、神の言葉どおりに息子はすっかり回復していた。そして両親に向かって、「とても怖いことがあったんだ。昨夜、僕の枕元に獣が来てね、一晩中僕の額を撫でていったんだよ」と言うではないか。もちろん、両親にはそれが御眷属《ごけんぞく》である狐の仕業とわかった。これ以降、病は湯が雪をかき消すがごとく消えてしまったという。

この話で注目すべきは、稲荷神が運命を変えてでも救いの手をさしのべてくれる存在として描かれていることである。当時は仏教の影響から、生まれつきの障害や病気は前世の因縁によるもので、逃れられない定めなのだと考えられていた。医学も発達していない世の中では、それは諦観のために必要な方便だったには違いない。だが、当事者は理不尽な思いを抱えていたことだろう。だからこそ、世の理を超えてでも救ってやろうという稲荷神の言葉は、多くの人々の胸に響いたにちがいないのだ。

稲荷神への信仰で福寿を授かる

また、もとが豊饒をつかさどる神ゆえに、富貴や立身出世をもたらす霊験譚も多い。

丹波国《たんばのくに》桑田《くわたの》郡《こおり》宮傍《みやわき》の長者に仕えていた弥吉は、心根が優しい素直な人間だった。あるとき、「身を立てようと願う者は稲荷大明神を信じるがよい」と聞き、自分も稲荷神をお祀《まつ》りしようと思い立った。そこでその御利益を教えてくれた人物に「お祀りするにはどうすればよいのでしょうか？」と問うたところ、「稲荷大明神は赤飯を好むため、それをお供えしなければならない。お前のような下仕えの者にはできないことだ」と一蹴《いっしゅう》されてしまった。

弥吉は悲しく思い、悶々と日々を過ごしていた。すると、ある知恵者が「稲荷神は志あるものの供物なら、たとえ普段の食事を少し分けたような粗末なものでも納受してくださる。要は心が肝心であって、形ではないのだ」と教え諭してくれた。喜んだ弥吉は、それ以来、毎日の食事を少しずつ取り分け、稲荷神に捧げるようになった。そういった心がけが人間を磨いたのだろうか。弥吉は下人の中でも利発さで群を抜く、評判の若者に育ったのである。

そして、二十歳を過ぎたころ、弥吉は積年の念願だった伏見詣《ふしみもうで》に出かけたいと主人に願い出た。普段の働きぶりに満足していた長者は快くこれを許し、彼は喜び勇んで伏見へと向かった。

そして、桂川《かつらがわ》の川辺に至ったときのことである。何方からか、ただならぬ雰囲気を身にまとった一人の老翁が現れ、「お前の長年の信心と志はしっかり受け止めている。だから安心してここから帰りなさい」と言ったかと思うと、光を放って東へ飛び去っていったのだ。

伏見詣の途中、弥吉の前に一人の老翁が現れ、「お前の長年の信心と志はしっかり受け止めている」と言った。

そのころ、長者は一人娘によい婿《むこ》を迎えたいが、誰を選べばいいのだろうかと思案に暮れていた。すると夢枕に高貴な人物が立ち、「弥吉こそ家をますます繁栄させる人間だ」と告げたのである。長者はそのお告げをありがたく拝受し、弥吉が帰るなり、娘の婿とした。こうして弥吉は一生安楽に暮らせる身分となり、幸せな生涯を送ったのである。

このような、信仰によって福寿を授かる話は、ほかにも十一話ばかり収められている。男性はよき主に巡りあって立身出世を果たし、女性は良縁を得るパターンが多い。さしづめ、その両方を得た弥吉は、稲荷神から最高の福徳を得たということになるのだろう。ともかくも、この手の説話が霊験譚中最多を数えることからも、福受が病の平癒と並んで人々の最大の関心事だったことがわかる。

仇なす者に罰を下す

霊験譚には盗難や疫病、冤罪《えんざい》などの災いから救われる話や、稲荷信仰が機縁となって解脱《げだつ》を遂げる僧侶の話などもあり、稲荷大明神はまさに八面六臂《はちめんろっぴ》の活躍を見せる。信仰篤い善男善女にとって、稲荷大明神とは気前よく御利益を授けてくれる神だったのだろう。

ところが一方で、性根の悪い者には容赦なく罰を与えるという厳しい一面も垣間見せている。たとえば、こんなエピソードがある。

佐吉という駕籠《かご》舁きの男がいた。もともと神仏を怖れず、わがまま放題の無法者であった。仕事柄、稲荷大明神へ参詣する人々を乗せることもあったが、そんなときにも決して社殿に上がろうとしない。それどころか、御眷属である狐の穴に杖を突っ込み、「人間である俺様ですら働けど働けど貧乏しているというのに、お前らはこうして供え物をただでもらえるんだから結構なご身分だな」とあざける始末だった。

その日の夕暮れである。突如佐吉が乱心した。妻子を打擲《だてき》し、人々に悪口をまき散らし始めたのである。そして、「おのれはなぜ私を嘲《あざけ》るのか。なんといまいましいことか。この報いに、おのれの親族を一人残らず取り殺してくれるわ」と叫んだのだ。

驚いたのは妻である。稲荷大明神の祟りと知った彼女は、あわてて西山稲荷に参ったが、そ

『稲荷大明神利現記』では、神の使いはあくまでも白狐であることを強調している。

の甲斐もなく、しばらくして佐吉の係累は皆絶えてしまったという。

また、伏見の里に一軒の商家があった。そこの主人が亡くなり、残された老妻と娘の春はその日の暮らしにも困るようになっていた。そこで、老妻は、未回収の売掛金がある家に代金を請求した。ところが、相手は女所帯と侮《あなど》って支払おうとしない。万策尽き果てた老妻は、なんとかお金を回収できますようにと稲荷神に願をかけた。そして、改めて相手先を訪ねていったところ、今度はあっさりと金を受け取ることができたのである。

しばらくして、支払いを踏み倒そうとした者が語ったところによると、支払いを断ったころから夜な夜な枕元に丈六尺の法師が立つようになり、「すみやかに代金を支払うか、もし払わないというのならば絞め殺してくれるぞ」と怖ろしげに迫ったという。老妻と春は、これこそ稲荷大明神の御利益とありがたく感じ、近隣の人々にも話してまわっていた。ところが、春の話を聞いた菊という娘は、「何を馬鹿馬鹿しいことを。お金など、別に稲荷に祈らなくとも、整うべきときが来たら自然と入ってくるものです。そんなことまで神の御利益だなどと言っていたら、ご近所の笑いものになりますよ」と嘲笑《ちょうしょう》するばかりだった。

春は、菊の傲慢《ごうまん》な物言いに眉《まゆ》をひそめたが、果たしてその夜から菊が変調を来した。うわごとのように何かを呟《つぶや》き、涙を流していたかと思うと、翌朝になって

コラム

現代の稲荷霊験譚

文＝門賀美央子

無信心になったといわれる現代。だが、日本人の心の深いところには「お稲荷様」への信仰が存外しっかりと根を下ろしているようだ。

松谷みよ子編の『現代民話考4』にこんな話がある。

岩手県釜石市の武藤家は武士の家系で、その昔火伏《ひぶせ》のために伏見稲荷の分霊を勧《かん》請《じょう》し、お祀《まつ》りしていたが、戦後、開放政策のあおりを受け、その稲荷社を撤去することになった。ところが、工事中に問題が起きた。なぜか礎石がビクとも動かないのだ。一同困り果てていたところに、当代の武藤さんが現れた。そして、御室を伏見へと戻してしまったのである。すると、礎石は何事もなかったかのように動いた。実は、工事が始まって以来、武藤さんの夢枕に連日伏見大明神が現れ、故地に帰してくれと懇願していたのだという。望みが叶い、それによって礎石の呪縛も解けたということらしい。

また、現代の奇談・怪談を集めた『新耳袋』にも、稲荷社にまつわる話がある。

Hさんは会社を経営していたが、その社屋はとある稲荷神社の参道に面していて、鳥居をくぐらなければ中に入れないようになっていた。その鳥居をくぐるたび、どうにも獣のような妖しい気配を感じる。気味悪く思って友人に相談したところ、社に油揚げをお供えするように勧められた。Hさんがものは試しと供え物をし、鳥居を出ようとしたときだった。どこからともなく「おだんご」とささやく声が聞こえてきたのだ。そこで、翌日おだんごを供えてみると、今度は「たまご」という声が。ならばと翌日は卵を供えたら、それを最後に声も気配もしなくなった。そして、不思議なことに、それからというもの不振だった会社の業績が上向きになったという。稲荷の霊験《れいげん》は、現在も生き続けているのである。

稲荷神へのお供物。

「わが徳を嘲《あざけ》るとは、なんとうらめしい奴だ。誠の心を持って祈れば、神というのは霊験を顕《あらわ》すものだというのに、実に憎らしいことを言う。この恨みは尽きるものではないぞ」と歯がみしながら大声でわめくようになったのだ。

これを見た人々は、稲荷神の怒りと知り、その威力に恐れおののいたという。

ひとつ間違えば怖ろしい祟りが……

こういった事件を例に挙げ、著者はゆめゆめ稲荷神の力を侮ったり疑ってはならぬと戒めている。とはいえ、佐吉のように一族郎党まで取り殺されてしまうのは、さすがに行き過ぎたと考えたのだろう。祟りによって人が死ぬというのは、実は神罰によるものではないともしているのだ。祟りは、おのれの良心がおのれに罰を与えた結果であり、それが結局わが身を滅ぼすのだという。

また、佐吉のように自ら諸神仏に背くような行いをした者は、それを悪神につけ込まれるから、このように滅んでしまうともしている。このあたり、少々言い訳じみているようにも感じるが、あまり狐憑《きつねつ》きや祟りを強調しすぎると、かえって神としての正統性を疑われると考えたのだろう。

実際、江戸初期にはすでに狐を神と同様に崇める稲荷信仰を邪教視する人々がいたようで、本書においてもあくまでも神の使いは白狐であり、野干《やかん》（普通の狐）とは違うのだと繰り返し強調している。こういうところに、当時の稲荷講信仰のありようや、布教時の苦労が浮き彫りになっているようでおもしろい。

福や富を授け、病を癒《いや》し、災いを除いてくれる稲荷大明神。すぐ隣に社がある気安い神であると同時に、ひとつ間違えれば怖ろしい祟りが降りかかる。『稲荷大明神利現記』からは、江戸時代の人々が稲荷神にもっていた、こんなイメージが浮かび上がってくるのである。

門賀美央子（もんがみおこ）
フリーライター・エディター。文芸諸ジャンルのほか、歴史・民俗・宗教系の雑誌や単行本にて執筆。共著に『西国三十三所　観音巡礼の本』ほか。

巻末特集

全国稲荷の名社案内

文＝稲田智宏、武ゐり子

一説には全国に約三万社ともいわれ、個人や法人などに祀られている小祠を加えれば、稲荷神を祀る社寺はまさに無数に現存している。

これらのなかには、一般に「三大稲荷」として知られる名社もあれば、稲荷信仰のメッカとして人気の寺院もある。

ここでは、各地を代表する稲荷信仰の中心地をピックアップしてご案内しよう。

右上：祐徳稲荷神社、右下：豊川稲荷妙厳寺・霊狐塚、左上：笠間稲荷神社楼門、左下：太鼓谷稲成神社境内、右図：箭弓稲荷神社の神符（写真＝外所利雄）

高山稲荷神社◆たかやまいなり〈青森県〉

広大な神苑に朱鳥居のトンネルが輝く

津軽半島日本海側の七里長浜《しちりながはま》をのぞむ高台に鎮座している当社の創建には、慶長《けいちょう》年間(一五九六〜一六一五)に伏見《ふしみ》稲荷大社から勧請《かんじょう》されたという説をはじめとして諸説があり、確かな記録はない。

地元住民の篤い信仰が寄せられていたが、神社として整備されていくのは明治時代以降、公的に認可されたのは大正時代に入ってからである。昭和の初めには初代の社掌《しゃしょう》(宮司)の尽力により神宮用材の払い下げを受け、同時に本殿が整えられ参籠所が新築された。

境内には当社そのものよりも歴史が古い三王神社、そして熊五郎稲荷、よんこ稲荷、千代稲荷など多くの稲荷社が鎮座し、また高山展望台の近くにはチェスボロー号記念碑が建てられている。これは明治二十二年(一八八九)に沖合でアメリカの商船が遭難し、その救難活動を当社の関係者や村人らが行ったことと、亡くなった船員を偲《しの》んでの記念碑である。

本殿の南側には龍神が棲むといわれる神池および龍神社、うねるようなトンネルを形成している朱鳥居群のある庭園、小祠《しょうし》や狐像などが並べられた小神祠神苑《しょうしんししんえん》が広がっている。

かつて当社の周囲には祈禱師《きとうし》や熱心な信者の建てたお塚、小祠、狐像が乱立していたが、それらの多くは小神祠神苑にまとめられ、その並んださまや朱鳥居による鳥居道は一種独特の雰囲気を漂わせ、参拝者の目を引く。

朱の鳥居が続く大庭園。

DATA

■社格＝旧無格社■創建＝不詳。一説に慶長年間(1596—1615)■祭神＝宇迦之御魂命・佐田彦命・大宮売命■神徳＝五穀豊穣・海上安全・商売繁盛など■祭事＝初午祭(2月初旬)、例大祭(9月24・25日)■住所＝青森県つがる市牛潟町鷲野沢147-2

志和稲荷神社◆しわいなり〈岩手県〉

奥州人の崇敬を集めてきた志和のおいなりさん

東北屈指の古社である志和《しわ》稲荷神社は、東北地方の人々から〝志和のおいなりさん〟と仰がれている稲荷社である。すぐ近くに志和古稲荷神社もあり、当社は通称「志和大稲荷神社」と呼ばれている。

志和大稲荷の創建は、大同《だいどう》年間（八〇六～八一〇）とする伝承もあるが、一般には天喜《てんぎ》五年（一〇五七）のことと伝えられる。天喜四年、父祖以来の俘囚長《ふしゅうちょう》（服属した蝦夷《えぞ》の統率者）で、奥六郡の司《つかさ》（岩手県中央部六郡の郡司）として陸奥国司《むつのこくし》と対立していた豪族・安倍頼時《あべのよりとき》の一族が反乱を起こした。いわゆる「前九年《ぜんくねん》の役《えき》」である。そのため朝廷は、陸奥守兼鎮守府将軍で、武芸の誉れ高い源《みなもとの》頼義《よりよし》に、安倍頼時追討の宣旨《せんじ》を下した。翌天喜五年、頼義は子の義家とともに、斯波《しば》郡の陣ケ岡《じんがおか》に布陣した。その際、心願祈誓するところあって稲荷大神を勧請《かんじょう》し、現在の地に大稲荷神社の社殿を建立したという。その戦勝祈願がかなったのか、同年七月、安倍頼時は流れ矢に当たって戦死した。

以後、中世の室町時代に斯波郡（紫波郡）を領有した斯波氏が当社を再興し、近世にいたると、南部藩代々の藩主の祈願所として、社領の寄進や社殿の造営がたびたび行われた。また天保《てんぽう》年間（一八三〇～一八四四）には、盛岡から五里にわたる参道として「稲荷街道」も開通されるなど、奥州の人々から篤い崇敬を集めてきた。

境内には樹齢一千年を超える御神木《ごしんぼく》「稲荷山大杉」があり、延命長寿を祈願して、この古杉の根本から白狐の神毛を探し求めるという風習がある。

全国各地からの参拝者も多い志和稲荷神社。（写真＝志和稲荷神社）

DATA

■社格＝旧県社・別表神社■創建＝天喜5年（1057）■祭神＝宇迦之御魂大神・猿田彦大神・大宮能売大神■神徳＝家内安全・交通安全・商売繁盛・五穀豊穣・大漁満足・職場安全・学業成就・厄年祓・旅行安全ほか■祭事＝初午祭（旧暦2月初午日）、例大祭（5月5日）、福狐祭（旧暦6月15日）、崇敬者大祭（8月または9月の日曜日）など■住所＝岩手県紫波郡紫波町升沢字前平17−1

竹駒神社◆たけこまじんじゃ〈宮城県〉

白狐が小野篁にお告げした地に鎮座する

奥州の枕詞《まくらことば》「武隈《たけくま》の松（二木《ふたき》の松）」で知られる岩沼市に鎮座する。「桜より松は二木を三月越し」――かの松尾芭蕉も当社を訪れ、境内には、芭蕉百年忌にあたる寛政《かんせい》五年（一七九三）に建てられた「二木塚」と呼ばれる句碑が残る。

社名の「竹駒」は、岩沼の古称「武隈」に由来し、旧称は「武隈明神」といって、江戸時代までは神仏習合《しんぶつしゅうごう》の神社だった。社伝によると、創建は承和《じょうわ》九年（八四二）、小倉百人一首にも名を連ねる参議・小野篁《おののたかむら》が、陸奥国《むつのくに》の国司《こくし》として着任した際、東北開発・殖産興隆を祈願して伏見《ふしみ》稲荷の大神を奉祀《ほうし》したという。篁卿は多賀国府《たがのこくふ》に赴くにあたり、京都の稲荷山の分霊を陸奥に勧請《かんじょう》するため、これを長櫃《ながびつ》に納めて下った。途中、千貫松《せんがんまつ》のふもとで、長櫃から白狐が八声鳴いて飛び出し、武隈の森に走り込んだ。「ここに社を建てよ」という稲荷神のお告げだとして、分霊を祀《まつ》ったという伝説がある（『宮城縣史　民俗3』）。

後冷泉《ごれいぜい》天皇の御代《みよ》（一〇四五～一〇六八）、中古三十六歌仙のひとり・能因《のういん》法師が陸《みち》奥《のく》行脚《あんぎゃ》の途中、武隈の里にいたったとき、竹馬に乗った童子《どうじ》（武隈明神の化身）が現れ、篁卿の建てた社の所在を教えた。そこで能因は、社の傍らに庵を結んで精進し、歌道の奥義を悟ったという。この庵が、別当寺「竹駒寺」である。平安時代末期には平泉《ひらいずみ》の奥州藤原氏三代の崇敬を受け、その後は仙台藩主・伊達《だて》家歴代の手厚い庇護を受けて発展し、文化《ぶんか》四年（一八〇七）には正一位《しょういちい》の神階を賜《たまわ》っている。

仙台藩五代藩主・伊達吉村が造営した本殿。（写真＝竹駒神社）

DATA

■社格＝旧県社・別表神社■創建＝承和9年（842）■祭神＝倉稲魂神・保食神・稚産霊神■神徳＝産業開発・五穀豊穣・商売繁盛・海上安全・家門繁栄・安産・厄除・交通安全・所願成就ほか■祭事＝元朝参り（新暦・旧暦の1月1日）、初午大祭（旧暦2月初午日から7日間）、秋期大祭（9月下旬）など■住所＝宮城県岩沼市稲荷町1-1

福島稲荷神社◆ふくしまいなり〈福島県〉

安倍晴明が勧請した伊勢神宮外宮の御祭神

福島市の中心部に鎮座する福島稲荷神社は、平安時代の大陰陽師《おんみょうじ》・安倍晴《あべのせい》明《めい》が創建したとされる稲荷社で、古くから晴明にまつわる伝説が残されている。

第六十六代一条《いちじょう》天皇の御代《みよ》の永延《えいえん》元年（九八七）、時の陰陽博士《おんようのはくじ》・従五位下《じゅごいのげ》の安倍晴明が、詔《みことのり》を奉じて奥羽《おうう》に下向《げこう》した際、吹島《ふくしま》（のちの福島）の里にさしかかった。「ここは西に吾妻山《あづまやま》、北に信夫山《しのぶやま》がそびえ、南に阿武隈《あぶくま》川の清流が東流する。山水の風致、自然の景勝に目を見張るのみならず、地味は肥沃《ひよく》にして農耕に適している。将来、大いに有望な地相であるよ」——大いに感じ入った晴明は、この地に信崇していた信太《しのだ》明神の祠《ほこら》を建立し、杉妻荘《すぎのめそう》（陸奥国信夫《むつのくにしのぶ》郡）の鎮守としたと伝えられる。なお、現在の神社の由緒書では、晴明が勧請《かんじょう》したのは、衣食住を司る「豊受比売大神《とようけひめのおおかみ》」とあって「伊勢神宮外《げ》宮《くう》の御祭神」を祀る、全国でもめずらしい稲荷社とされている。

承安《じょうあん》元年（一一七一）、晴明の孫の安倍清明が社殿を改築したが、天正《てんしょう》・慶長《けいちょう》年間の兵火にあって焼失した。のち、寛永《かんえい》元年（一六二四）に板倉重憲《いたくらしげのり》が社殿を修営し、さらに福島藩主・堀田正仲《ほったまさなか》が元禄《げんろく》二年（一六八九）に本殿を、同五年に拝殿（現在の絵馬殿）を造営するなど、江戸時代になると福島藩の総鎮守として代々の藩主の篤い崇敬を受け、藩費で社殿が増改築された。明治二十八年（一八九五）、県社に列格したが、明治三十五年の暴雨被害により本殿が倒壊、昭和十四年（一九三九）に現在の社殿が竣工されている。

昭和 14 年竣工の社殿。（写真＝福島稲荷神社）

DATA

■社格＝旧県社■創建＝永延元年(987)■祭神＝豊受比売命・大国主命・事代主命■神徳＝商売繁盛・家内安全・厄除開運・無病息災・延命長寿・所願成就ほか■祭事＝歳旦祭(1月1日)、初午祭(旧暦2月初午日)、例祭(10月9日、神賑行事は10月第2月曜日を含む土・日・月の3日間)、古峯神社例祭(旧暦２月初午日)など■住所＝福島県福島市宮町1-29

笠間稲荷神社 ◆かさまいなり〈茨城県〉

笠間藩主の夢に現れた「胡桃下門稲荷」

笠間《かさま》稲荷神社は、日本を代表する稲荷社のひとつとして三大稲荷に数えられており、創建は古く、社伝によれば白雉《はくち》二年（六五二）、第三十六代孝徳《こうとく》天皇の御代《みよ》とされる。当時この地域には胡桃《くるみ》の木が生い繁り、その中に祀《まつ》られていたことから、胡桃下《くるみがした》稲荷とも呼ばれている。

日本三大稲荷のひとつともいわれる笠間稲荷神社の社殿。（写真＝笠間稲荷神社）

江戸時代に入ってから笠間稲荷に対する信仰は、さらに盛んになっていく。とくに歴代の笠間藩主から篤く崇敬され、なかでも第十三代藩主・井上正賢《いのうえまさたか》の霊験譚《れいげんたん》はよく知られる。寛保《かんぽう》三年（一七四三）のある夜、正賢の夢に、頭髪銀のごとき束帯《そくたい》姿の老翁《ろうおう》が突然現れ、「我は高橋町に存る稲荷である。わが祠《ほこら》は狭すぎて里人は永らく憂えている」と告げた。驚いて目を覚ました正賢の枕元には、一個の胡桃の実がころがっていた。正賢はさっそく稲荷の社地・社殿を拡張して、祭祀《さいし》を盛んに行った。

数年後、江戸の邸宅にあった正賢の元に束帯姿の官人が訪れ、胡桃一箱を出していわく、「我の名は胡桃下稲荷である。これからは、よりいっそう国民の保護に努めよ」。正賢はますます神威の崇高さに畏れ入り、本社を城主の祈願所に定めたという。

延享《えんきょう》四年（一七四七）以来藩主となった牧野氏も篤く崇拝し、安政《あんせい》六年（一八五九）には江戸日本橋の牧野家下屋敷に笠間稲荷神社の分霊が祀られた。これは現在の笠間稲荷神社東京別社として中央区日本橋浜町に鎮座している。

DATA

■社格＝旧村社・別表神社■創建＝白雉2年（651）■祭神＝宇迦之御魂神■神徳＝家内安全・商売繁盛・五穀豊穣・酒造繁栄・養蚕繁栄・火難除ほか■祭事＝初午大祭（2月初午日）、祈念祭・初穂講大祭（2月14日）、例大祭（4月9日）、御田植祭（5月10日）など■住所＝茨城県笠間市笠間1番地【笠間稲荷神社東京別社】東京都中央区日本橋浜町2-11-6

箭弓稲荷神社◆やきゅういなり〈埼玉県〉

戦勝の神、芸能の神、そして野球の神

祭神は保食神《うけもちのかみ》（宇迦之御魂神《うがのみたまのかみ》）。創建は和銅《わどう》五年（七一二）と伝えられる。社名の「箭弓《やきゅう》」には次のような由来がある。

長元《ちょうげん》元年（一〇二八）、現在の千葉県一帯に勢力を持っていた平忠常《たいらのただつね》が反乱を起こし、安房《あわ》の国守《こくしゅ》を殺害するなどした。これに対して朝廷は長元三年、討伐のため源頼信《みなもとのよりのぶ》を派遣した。頼信が野久《やきゅう》稲荷神社が鎮座する地に陣を取って戦勝を祈願したところ、矢の形をした雲が敵を射るように飛んでいくのが見えた。これを神のご加護だと奮起した頼信軍は勝利を得る。この勝利によって頼信は野久稲荷に社殿を寄進し、弓矢を意味する「箭弓」に社名を変えたのだという。

またもうひとつの説としては、白狐に乗った神から弓と矢を授かるという夢を頼信が見たことにより創建されたとも伝えられる。以来、箭弓稲荷神社は松山城主、川越城主をはじめとして多くの人々に崇敬されてきた。

境内末社《まっしゃ》の宇迦之御魂社は、穴宮または団十郎稲荷とも称される。これは当社を崇敬していた七代目市川団十郎が、文政《ぶんせい》四年（一八二一）に奉納した石造りの祠《ほこら》が祀《まつ》られているためで、以来、芸能向上の神としての信仰も広がった。

このほか、「箭弓」が音の上で野球に通じることから、地元のプロ野球球団の選手など、野球関係者の参拝も多いという。当社ではバットやベースの形をした野球絵馬も授与している。

正徳5年（1715）建造の権現造りの社殿。（写真＝箭弓稲荷神社）

DATA

■社格＝旧県社・別表神社■創建＝和銅5年（712年）■祭神＝保食神・宇迦之御魂神・豊受比賣神■神徳＝五穀豊穣・商売繁盛・家内安全・交通安全・厄除・火難除・開運・学業成就・芸能向上など■祭事＝初午祭（3月初午日）、例大祭（9月21日）■住所＝埼玉県東松山市箭弓町2-5-14

三崎稲荷神社◆みさきいなり〈東京都〉

徳川家の崇敬を受けた旅行守護のお稲荷さん

祭神は宇迦之御魂神《うかのみたまのかみ》のほか、素戔嗚神《すさのおのかみ》、大市姫神《おおいちひめのかみ》、大物主神《おおものぬしのかみ》。

武蔵国《むさしのくに》豊島《としま》郡三崎《みさき》村(現在の文京区本郷一丁目あたり)の鎮守社として、仁安《にんあん》年間(一一六六〜一一六九)に創建されたと伝えられる。

関東を領有した北条氏、また、江戸時代になってからは徳川将軍家の崇敬を受けた。参勤交代においては、大名たちが道中の安全を祈願するために参拝したという。このため旅行守護の信仰が広がった。

JR 水道橋駅の近くに鎮座する社殿。

三崎《みさき》稲荷神社は、折々の事情によって幾度か鎮座地を変えている。江戸幕府が開かれた慶長《けいちょう》八年(一六〇三)には現在の文京区後楽《こうらく》に遷《うつ》り、これは水路工事のためと考えられる。また万治《まんじ》二年(一六五九)には江戸城外堀の工事のため遷座《せんざ》するが、このとき困難だった工事の遂行を祈願して効があったため、堤防の守護神として崇められた。そして万延《まんえん》元年(一八六〇)には武術訓練のための幕府講武所《こうぶしょ》(小川町講武所)が建設されることにより、さらに明治三十八年には鉄道線路延長のため移転して現在地へといたる。

なお祭神のうちの大物主神は金刀比羅宮《ことひらぐう》(香川県)の祭神に由来している。江戸の中期、当社の神主が旅行中に海上で嵐に遭い、金刀比羅神に祈願したところ、童子《どうじ》から金比羅《こんぴら》神の守護袋を授かって難を逃れた。その袋に入っていた鏡を金刀比羅神(大物主神)の神体としたという。

DATA

■社格＝旧村社■創建＝仁安年間(1166〜69)■祭神＝宇迦之御魂神・須佐之男神・大市姫神・大物主神■神徳＝旅行安全・社運隆盛・厄除け・家内安全■祭事＝例大祭(5月9日)、秋季例祭(9月9日)■住所＝東京都千代田区三崎町2-9-12

王子稲荷神社◆おうじいなり〈東京都〉

関東の稲荷社の狐が参拝した関東八州の稲荷総社

創建の時期は不詳だが、社伝によれば、源頼義《みなもとのよりよし》が陸奥国《むつのくに》で起こった反乱を抑えるために派遣されていた康平《こうへい》年間（一〇五八〜一〇六五）、当社を「関東稲荷総司」として崇めたという。当初は荒川の岸に鎮座したことから岸稲荷という名称だったが、鎌倉時代の末に王子稲荷へと改称された。これは元亨《げんこう》二年（一三二二）に領主豊島《としま》氏がこの地に紀州《きしゅう》熊野《くまの》から王子《おうじ》神社を勧請《かんじょう》し、その一帯の地名も王子に改められたことによっている。

平安時代に関東稲荷総司と崇められたというのは、つまり東国《とうごく》の三十三国にある稲荷神社のなかで代表格であったことを意味する。のちに北条氏や徳川将軍家からも篤く崇拝され、「東国三十三国」の幟《のぼり》、扁額を備えていたが、江戸中期に幕府の干渉を受けた後は「関東八州」の稲荷総社として知られるようになっていく。

近くには装束榎《しょうぞくえのき》と呼ばれた榎の大木があり、毎年大晦日の夜には関東八州の稲荷社の狐が集まって、装束を整えてから王子稲荷に参拝したと言い伝えられている。かつての榎は現存しないが、当社から東の京浜東北線の線路を越えた先に装束稲荷神社が鎮座し、新しい榎も植えられている。この装束榎の伝承から、近年、大晦日の深夜、狐の面を被って装束稲荷神社から王子稲荷神社まで練り歩く「狐の行列」が行われるようになった。

なお、社殿奥にはかつて狐が棲んでいたという「お穴さま」（狐の穴跡）が残されている。

初午の日の王子稲荷神社。

DATA

■社格＝旧無格社■創建＝不詳■祭神＝宇迦之御魂神・宇気母智之神・和久産巣日神■神徳＝商売繁盛・火防守護■祭事＝初午祭（2月初午日）※なお、2月の午の日には凧市《たこいち》が開かれる。凧は「風を切る」ことから火防《ひぶせ》の象徴とされ、火防凧が名物となっている。■住所＝東京都北区岸町1-12-26

三囲神社◆みめぐりじんじゃ〈東京都〉

三柱鳥居で知られる三井家の祈願所

創建の時期や由来は不詳だが、伝承によれば弘法大師による創建といわれ、文和《ぶんな》年間（一三五二〜一三五五）に僧源慶《げんけい》の手によって再興されたという。

源慶は近江国《おうみのくに》三井寺《みいでら》の僧で、東国《とうごく》巡礼の途中、この地で寂《さび》れた小祠《しょうし》の伝承を耳にしその再興を決意した。そして土中から壺《つぼ》が出てきたため開けてみると、白狐にまたがった老人の像があった。するとどこからともなく白狐が現れ、像のまわりを三回まわって消えたという。

「三囲《みめぐり》」という社名はこれに由来するというが、三井寺との関係もあるのだろう。

境内には石碑が多く、そのひとつに芭蕉門下の俳人、宝井其角《たからいきかく》が詠んだ「遊《ゆ》ふ田地や田を見めぐりの神ならば」の句碑がある。この句は雨乞いする者に代わって其角が神前に奉ったものとされ、その翌日にみごと降雨となったと伝わる。

また境内には、三本の柱が地面に三角形の空間を作る形で立つ珍しい鳥居があることでも知られる。この三柱《みはしら》鳥居は旧財閥の三井《みつい》家邸内に造営されていた祖霊社の顕名《あきな》霊社とともに遷《うつ》されたもので、もとは江戸中期に三井家の祈願所とされた京都の木嶋《このしま》神社（式内社の木嶋坐天照御魂《このしまにますあまてるみたま》神社）に祖霊社はあり、木嶋神社には現在でも同様の三柱鳥居が立っている。江戸に進出した三井家はおそらく社名の縁から当社を崇敬したのだろう。今でも年に三回、三井関連会社による祭典が行われ、分霊が三越の屋上にも勧請《かんじょう》されている。

社名は古く田中稲荷、のち三囲稲荷、明治に現社名へ改められた。

隅田川沿いに立つ三圍神社。

DATA

■社格＝旧村社■創建＝文和年間（1352〜55）■祭神＝宇迦之御魂命■神徳＝商売繁盛■祭事＝例祭（4月上旬）■住所＝東京都墨田区向島2-5-17■メモ＝当社の境内には「隅田川七福神」のうち「恵比寿」と「大国神」が祀られていることでも知られる。

花園神社◆はなぞのじんじゃ〈東京都〉

芸能文化との関わりの深い都会の鎮守神

常に多くの人々が乗り降りして混雑する新宿駅から、数分ほど歩いた地に花園神社は鎮座している。江戸時代より以前、大和の吉野山から勧請《かんじょう》されたと伝えられるが、詳細は不明。江戸時代に現在の場所へと遷座《せんざ》した際、その土地に花園があったことがのちの社名の由来だという。

明治以前には四谷《よつや》追分《おいわけ》稲荷、また真言宗愛染院の別院・三光院の住職が別当を兼ねたため、三光院稲荷とも呼ばれていた。神仏分離ののちは単に稲荷神社、大正時代には花園稲荷神社と改称し、昭和四十年（一九六五）に末社の大鳥神社を本社に合祀《ごうし》して花園神社となった。

当社における酉《とり》の市《いち》（大酉祭）は、浅草の鷲《おおとり》神社のそれと並んで賑わいを見せる。酉の市とは日本武尊《やまとたけるのみこと》を祭神とする鷲（大鳥）神社の祭礼で関東にて行われ、開運や商売繁盛の熊手が縁起物とされる。

唐《から》十郎主宰の「状況劇場」が一時期、境内に建てた紅テントで公演していたことはよく知られているが、江戸時代にも芸能や見世物との関わりはあり、焼失した社殿の復興のため境内で芝居などが催され、好評だったという。現在でも境内は見世物興行やアーティストのライブに提供されている。

境内には芸能との関わりとして、その名も芸能浅間神社が祀《まつ》られ、芸能関係者の参拝が多い。また奉納された朱鳥居がトンネル状に立ち並ぶ威徳稲荷神社には、女性が多く参拝している。

常に人影の絶えることのない本殿前。

DATA

■社格＝郷社■創建＝不詳（江戸時代以前に大和吉野山より勧請）■祭神＝倉稲魂神・日本武尊・受持神■神徳＝厄除け・縁結び・商売繁盛・芸道成就■祭事＝例大祭（5月28日に近い土・日・月曜日）、大酉祭（11月酉の日）■住所＝東京都新宿区新宿5−17−3

東伏見稲荷神社◆ひがしふしみいなり〈東京都〉

新東京百景のひとつに選ばれた昭和の名社

西武新宿線東伏見《ひがしふしみ》駅の南口近く、線路沿いの道に朱色の大鳥居が立っている。これを進むとまた大鳥居があり、さらに進んだ先、東伏見第一公園の隣に東伏見稲荷神社は鎮座している。昭和五十七年には、合併前の保谷《ほうや》市内で唯一「新東京百景」のひとつに選ばれた景観である。

東伏見という社名は、京都の伏見稲荷大社から東に分祀《ぶんし》されたことに由来する。創建は昭和四年で、皇城を守護する社として、また関東の稲荷信仰者の参詣の場を設けるとともに、祭神とお狐さんを混同するといった迷信を是正する目的で鎮座にいたったという。

創建にあたっては、伏見稲荷大社の当時の宮司・高山昇、西武鉄道、また在野の神道家の葦津耕次郎《あしづこうじろう》（創建実行責任者）や神道学者の今泉定助《いまいずみさだすけ》など多くの協力によっている。鉄道で京都から東京駅へと運ばれた御霊代《みたましろ》は、三十五台の供奉《ぐぶ》の自動車とともに高田馬場駅へと移され、貴賓車によって西武線の東伏見駅へと運ばれての鎮座であった。なお、東伏見駅はこのときに合わせて上保谷駅から改称されており、地域の地名ものちに東伏見となった。

境内には本殿の奥に二十基近くの「お塚」が鎮まっており、参拝者は本殿への参拝とともに、お塚を巡拝することができる。これらのお塚は「あらまつりの宮」とも称され、本殿における祭祀が表のものなら、あらまつりの宮へのそれは裏の祭祀であり、両者がそろって完全な形での信仰になると考えられている。

境内の緑に映える朱色の社殿。

DATA

■創建＝昭和4年■祭神＝宇迦之御魂大神・佐田彦大神・大宮能売大神■神徳＝衣食住および農業の守護、海陸の道路や通商貿易の守護、歌舞音曲・一家和合・商売繁盛■祭事＝例大祭（2月の初午）、春季大祭（4月10日）、秋季大祭（10月20日）■住所＝東京都西東京市東伏見1-5-38

鼻顔稲荷神社◆はなづらいなり〈長野県〉

川沿いの斜面に立つ養蚕の守り神

永禄《えいろく》年間（一五五八〜一五七〇）に、祭神を伏見《ふしみ》稲荷大社から勧請《かんじょう》して創建したという。現在地は古く鼻顔《はなづら》という地名であり、社名はこの土地の名によっている。

かつてはとくに養蚕と商業の神として信仰を集め、他県からの参拝も多く、殿内には繭玉《まゆだま》で文字を象《かたど》った額など養蚕に関連した奉納物が掲げられている。

今でも初午祭《はつうまさい》には多くのダルマ市や露店が立って賑わう。

赤い社殿が目立つ鼻顔稲荷神社。（写真＝河村英樹）

当社は伏見稲荷（京都）・祐徳《ゆうとく》稲荷（佐賀）・笠間《かさま》稲荷（茨城）・豊川《とよかわ》稲荷（愛知）と並んで日本五大稲荷とも称される。

鎮座している場所は千曲《ちくま》川の支流、湯川の川沿いで、その小高い崖の側面である。参籠殿、社務所、本殿が一列に並ぶ建築物は「懸造《かけづくり》」（懸崖造《けんがいづくり》）という様式で建てられ、建築物の片側を斜面に組んだ柱で支える形となっている。

これは京都清水寺《きよみずでら》の本堂が代表的な例で、仏教や修験道《しゅげんどう》の建造物に見られることが多い。当社の社殿から、または湯川の反対岸から眺めると、社殿を支えている多くの柱も稲荷神社に特徴的な朱色をしており、建築様式とも相まって強い印象をもたらしている。春になると、斜面上の桜が開花し、湯川をまたぐ形で泳ぐこいのぼりが風物詩となっている。

また、境内にはケヤキと赤松が双生した「相生《あいおい》の樹」があり、縁結びにも御利益があるといわれている。

D A T A

■創建＝永禄年間（1558〜70）■祭神＝宇迦之御魂命・猿田彦命・大宮能売大神■神徳＝商売繁盛・学徳成就・縁結び、家内安全、交通安全■祭事＝初午際（2月初午日）■住所＝長野県佐久市岩村田花園町4261

豊川稲荷

◆とよかわいなり〈愛知県〉

大名、親王から庶民までをも惹きつける吒枳尼眞天

通称を「豊川稲荷《とよかわ》」とするが、正式には円福山豊川閣妙厳寺《えんぷくざんほうせんかくみょうごんじ》という曹洞宗《そうとうしゅう》の寺院である。本尊は千手観音《せんじゅかんのん》で、鎮守の護法善神として吒枳尼眞天《だきにしんてん》（茶吉尼天《だきにてん》）という天部の神が祀《まつ》られている。

この吒枳尼眞天が稲荷神と習合《しゅうごう》し、仏教系の稲荷信仰が当山で盛んとなった。吒枳尼天とは、もとは人を喰らう鬼神《きじん》だったが、大黒天《だいこくてん》に調伏《ちょうぶく》され仏法に帰依《きえ》して護法善神に転じたとされる。

道元《どうげん》を師とする寒巌義尹《かんがんぎいん》が文永《ぶんえい》四年（一二六七）に宋《そう》から帰国する途中、稲の束と宝珠《ほうじゅ》を手にして白狐に乗った神が空中に現れ、吒枳尼天と名乗った。そして寒巌禅師およびその帰依者たちを守護すると告げたという。このことに感動した寒巌禅師は帰国後、吒枳尼天の像を刻み祀った。のちの嘉吉《かきつ》四年（一四四四）、東海義易《とうかいぎえき》が妙厳寺を創建した際、寒巌禅師の吒枳尼眞天像を護法善神として祀っている。

総門をくぐって進んだ先の山門の奥に、千手観音を祀る法堂（本堂）が見え、その左手には鳥居が建てられている参道の奥に吒枳尼眞天を祀る本殿（御真殿）がある。この大伽藍《だいがらん》の内陣《ないじん》には、当山を祈願所とした伏見《ふしみ》宮家や有栖川《ありすがわ》宮家から寄進された仏像も祀られている。

江戸町奉行大岡越前《おおおかえちぜん》として知られる大岡越前守忠相《ただすけ》は、豊川稲荷への信仰が強く、江戸赤坂の下屋敷に分社を奉斎していた。これが現在、港区元赤坂に鎮座する豊川稲荷別院である。

本尊を祀る法堂を上回る巨大な本殿。

D A T A

■正式名称＝円福山豊川閣妙厳寺■創建＝嘉吉元年（1441）■祭神＝本尊は千手観音、本殿に吒枳尼眞天が祀られる■神徳＝家内安全・家業繁栄・交通安全・学業増進・出産安全・災難消除■祭事＝初午際（旧暦2月初午日）、春季大祭（5月4～5日）、秋季大祭（11月22～23日）■住所＝愛知県豊川市豊川町1番地

千代保稲荷神社 ◆ちよぼいなり〈岐阜県〉

おちょぼさんと親しまれる商売繁盛の神

主祭神は大祖大神《おおみおやおおかみ》、稲荷大神、祖神《おやがみ》。「お千代保《ちよぼ》稲荷」または「おちょぼさん」などと呼ばれ、親しまれている。

文明《ぶんめい》年間（一四六九〜一四八七）に森八海という人物が当地を開発し、創建した神社を前身とすると伝える。石清水八幡宮《いわしみずはちまんぐう》で元服し八幡太郎《はちまんたろう》と号した源義家《みなもとのよしいえ》（一〇三九〜一一〇六）がこの森八海の先祖といい、義家の六男の六郎義孝《ろくろうよしたか》が分家する際に祖先の霊璽《れいじ》、宝剣、義家の肖像画を授かった。このとき「千代千代に保て」との言葉を受けたことが社名の由来となっているという。

当社における一般的な参拝の仕方は、最初に藁《わら》を通した三角形の油揚げと蝋燭《ろうそく》のセットを購入する。蝋燭は献灯台に上げ、そして拝殿へと進んで、賽銭箱の前に置かれたお供えの箱に油揚げを入れて祈願することになる。祭りのときなど多くの参拝客が集まり、おびただしい量の油揚げが供えられているさまは独特の景観だろう。なお、お下がりの油揚げは社務所にて無料で頂くことができる。また御札や御守りを授与していないことも、当社の特徴といえるだろう。

参道は縁起物やおもちゃ、食品など、百以上もの店が並ぶ門前町《もんぜんまち》となっており、多くの参拝客で賑わう。かつては扶桑《ふそう》教の稲荷教会に属していたが、戦後になって独立した。商売繁盛の神として内外の信仰が広がり、昭和二十七年には名古屋市千《ち》種《ぐさ》区園山町に支社が建てられている。

地元に密着した千代保稲荷神社。（写真＝海津市）

DATA

■創建＝文明年間（1469〜87）■祭神＝大祖大神・稲荷大神・祖神■神徳＝商売繁盛・縁結び・合格祈願■祭事＝春の大祭（旧暦2月初午日）、秋の大祭（10月第2月曜日）のほか、毎月1日の月並祭は前夜から多くの人出で賑わう■住所＝岐阜県海津市平田町三郷1980

豊川茜稲荷神社

◆とよかわあこねいなり〈三重県〉

伊勢神宮外宮の神域内に鎮座する産土神

伊勢神宮外宮《げくう》の神域内には明治になって造られた勾玉池《まがたまいけ》という勾玉の形をした池があるが、そのくびれの位置、つまり池に向かってせり出した土地に天牟《あめのむ》羅雲命《らくものみこと》を祀《まつ》る茜社《あこねやしろ》が鎮座している。そして境内には稲荷社によく見られるような、トンネルを形成する多くの鳥居が建てられ、宇迦之御魂神《うかのみたまのかみ》を祭神とする豊川茜《とよかわあこね》稲荷神社も鎮座している。

伊勢神宮の勾玉池のほとりに建つ社殿。（写真＝豊川茜稲荷神社）

古くこの付近は赤畝《あかうね》と呼ばれ、やがて「あこね」と訛《なま》り、江戸の後期あたりから茜の字が当てられるようになった。外宮の記録に赤畝の名も見えるが外宮に属していたかどうかは明確でなく、現在も摂社末社《せっしゃまっしゃ》ではない。ただし神宮の式年遷宮《しきねんせんぐう》の際には、払い下げられた残材を用いて同じく遷宮を行っている。

創始は不明だが、中世には荒廃し、やがて地元の産土神《うぶすながみ》として再興された。江戸後期に伊勢市一帯の神祠を調査した『小祠拾《しょうししゅう》』によれば、茜社は「石壇ニテ宝殿ナシ。鳥居多クアリ。広ク旧き社ナリ。(略)産土神八社ノ内ナリ。(略)宮域ニ在レハ元ハ摂社ノ旧地ナランモ知ルベカラズ。神名不詳」といい、また稲荷社については石壇の東北側に稲荷と称される岩窟があり、土地の人はこれを豊川明神と呼んでいるという。愛知県の豊川稲荷または豊受大神宮《とようけだいじんぐう》に由来するのだろう。

なお、当社および外宮の鎮座地は豊川町だが、これは明治になってからの町名である。

DATA

■創建＝不詳■祭神＝宇迦之御魂神■神徳＝商売繁盛■祭事＝御頭神事（1月15日／獅子頭を持って神事舞を行い、悪疫の退散、作物の豊作を祈願する）、例祭（7月15日）■住所＝三重県伊勢市豊川町274

玉造稲荷神社◆たまつくりいなり〈大阪府〉

大阪城の守護神としても崇敬された古稲荷

主祭神は宇迦之御魂大神《うがのみたまのおおかみ》で、相殿《あいどの》に下照姫命《したてるひめのみこと》、稚日女命《わかひるめのみこと》、月読命《つきよみのみこと》、軻遇《かぐ》突智命《つちのみこと》を祀《まつ》る。

伝承によれば第十一代垂仁《すいにん》天皇の時代、つまり伏見《ふしみ》稲荷大社よりも古い時代に創建されたというが、不詳。歴史の古い稲荷神社であることから「もといなり」とも呼ばれた。

昭和 29 年に建立された社殿。(写真＝玉造稲荷神社)

第三十一代用明《ようめい》天皇の二年、物部《もののべ》氏と蘇我《そが》氏が争ったとき、聖徳太子が当地にて栗の白木の箸を地面に刺し、物部氏に勝利するなら枝葉が成るようにと祈誓した。すると翌日には枝葉が伸び、戦に勝利する徴《しるし》を示したと伝えられている。なお『日本書紀』によると、聖徳太子は物部氏に勝利するなら四天王《してんのう》の寺を建立するという誓いを立て、その結果として「難波《なんば》の荒陵《あらはか》」に四天王寺が建てられたという。しかし当初は玉造の東に建てられたという伝承もあり、聖徳太子と当社の関連を思わせる。

境内には豊臣秀頼《とよとみひでより》によって奉納された石の鳥居がある。大阪城の近隣に鎮座しているため、城の守護神として崇敬され、社殿等とともに建立された。そのときの社殿はのちの戦によって焼亡してしまったが、鳥居は残った。慶長《けいちょう》八年(一六〇三)の奉納だから現存する鳥居としては古い部類に入る。ただし平成七年の阪神淡路大震災により基部が損傷したため、上半分のみの姿で境内に保存されている。

DATA

■社格＝旧府社■創建＝垂仁天皇18年(紀元前12)■祭神＝宇迦之御魂大神ほか■神徳＝商売繁盛・事業発展・家内安泰・子孫繁栄■祭事＝初午祭(2月初午日)のほか、7月15日の夏祭りには、境内で栽培される伝統野菜・玉造黒門越瓜(しろうり)の食味祭、10月の体育の日には豊臣家・徳川家ゆかりのだんご茶会が催される■住所＝大阪府大阪市中央区玉造2-3-8

最上稲荷

◆さいじょういなり〈岡山県〉

天皇の病気を治癒した故事に由来する祈禱の名刹

祈禱《きとう》の名刹《めいさつ》として吉備路《きびじ》に名高い最上《さいじょう》稲荷は、神仏習合《しんぶつしゅうごう》系の稲荷寺院である。本殿には、本尊の最上位経王大菩薩《さいじょういきょうおうだいぼさつ》が祀《まつ》られている。この最上位経王大菩薩とは、最上の法である『法華経《ほけきょう》』を意味し、不思議な御利益のある〝最上さま〟と呼ばれ、庶民から親しまれている。

天平勝宝《てんぴょうしょうほう》四年(七五二)、時の孝謙《こうけん》天皇が重い病にかかったとき、修験僧《しゅげんそう》として名高い報恩大師《ほうおんだいし》(当山の開基)に病気治癒《ちゆ》の勅命《ちょくめい》が下された。大師は吉備国山中の八畳岩《はちじょういわ》で秘法をつくしたところ、満願明けの日、「最上位経王大菩薩」を感得した。その姿は、左肩に稲束を背負い、右手に鎌を持ち、如意宝珠《にょいほうじゅ》をくわえた白狐にまたがっていた。すると、不思議なことに天皇の病気は全快し、大師はその尊像を題目岩《だいもくいわ》に刻んで祀ったという。

さらに延暦《えんりゃく》四年(七八五)、時の桓武《かんむ》天皇が病に伏した際にも、同様に祈願して全快した功により「龍王山神宮寺《りゅうおうざんじんぐうじ》」を建立したが、戦国時代の天正《てんしょう》十年(一五八二)、豊臣秀吉による備中《びっちゅう》高松城水攻めの際、焼き払われてしまう。

慶長《けいちょう》六年(一六〇一)、新たに領主となった花房《はなぶさ》家は、関東地方より日円聖人《にちえんしょうにん》(当山の中興の祖)を招聘《しょうへい》し、最上位経王大菩薩の聖跡を再興した。このとき、本尊の尊像を今日の場所に遷座《せんざ》し、寺名も「稲荷山妙教寺《いなりさんみょうきょうじ》」と改め、天台宗《てんだいしゅう》から日蓮宗《にちれんしゅう》へと改宗した。のち、戦後の昭和二十九年(一九五四)、宗教法人・最上稲荷教として日蓮宗から独立している。

1.5トンの大注連縄がかけられている本殿。(写真＝最上稲荷)

DATA

■正式名称＝最上稲荷教総本山妙教寺■創建＝天平勝宝4年(752)■本尊＝最上位経王大菩薩■神徳＝五穀豊穣・商売繁盛・家内安全・交通安全・開運厄除・病気平癒・合格成就ほか■祭事＝新春開運大祈願祭(1月1～15日)、初午祭(3月第1日曜日)、夏季大祭(7月第3日曜日)、秋季彼岸会(9月彼岸の中日)、お火たき大祭(12月第2土・日曜日)など■住所＝岡山県岡山市北区高松稲荷712

太鼓谷稲成神社◆たいこだにいなり〈島根県〉

願望成就に霊験あらたかな津和野のおいなりさん

安永《あんえい》二年（一七七三）、津和野《つわの》藩の第七代藩主・亀井矩貞《かめいのりさだ》は、藩の鎮護と領民の安寧《あんねい》を祈願するため、三本松城（津和野城）の表鬼門《おもてきもん》（東北）にあたる太鼓谷《たいこだに》の峰に京都の伏見稲荷大社から御分霊を勧請《かんじょう》した。これが当社の創建といわれる。

爾来《じらい》、歴代藩主の篤い崇敬を受け、明治四年（一八七一）の廃藩置県《はいはんちけん》後は、庶民の参拝も可能となった。現在の元宮（旧社殿）は大正十二年（一九二三）に建てられたものである。昭和三十年代には参拝者が激増したため、昭和四十四年（一九六九）に境内地西側の山を切り開き、新社殿が建てられた。

昭和44年に竣工された本殿。（写真＝太鼓谷稲成神社）

元宮はかつて城に向かって建てられていたが、新社殿は津和野町に向かって建てられている。

全国約三万社ある稲荷社のなかで、社号を「稲荷」ではなく「稲成」と表記するのはここだけともいわれる。その由来は次のように伝えられる。

昔、城の御倉番《おくらばん》が鍵を紛失した責任をとらされて、切腹を申し渡された。御倉番は稲荷大神に祈願するとともに、八方手をつくして鍵を捜しまわったが、見つからないまま刑の執行が迫っていた。

ところが満願の日、不思議なことに、鍵は御倉番の手元に戻り、刑を免れることができたのであった。人々はこの御神徳にひたすら感銘し、願望成就の「成」をとって「稲成神社」と表記するようになったという。

DATA

■社格＝旧郷社・別表神社■創建＝安永2年（1773）■祭神＝宇迦之御魂神・伊弉冉尊■神徳＝家内安全・五穀豊穣・産業発展・商売繁盛・開運厄除・願望成就・病気平癒ほか■祭事＝歳旦祭（1月1日）、初午大祭（2月初午日）、旧初午大祭（旧暦2月初午日）、春季大祭（5月15日）、例祭（11月15日）、秋季大祭（11月16日）、新嘗祭（11月23日）など■住所＝島根県鹿足郡津和野町後田409

草戸稲荷神社◆くさどいなり〈広島県〉

古刹・明王院の鎮守として空海が開創した稲荷社

福山市草戸《くさど》町は、中世、草戸千軒町《せんげんちょう》（現在、広島県立博物館に町並みの一角が復元）と呼ばれ、芦田《あしだ》川に面した愛宕山《あたごやま》の麓にある明王院《みょうおういん》の門前町として栄えた町である。明王院は真言宗大覚寺《しんごんしゅうだいかくじ》派の古刹《こさつ》で、鎌倉末期に庶民の信仰を得て西国《さいごく》一の大寺院となり、江戸以降は備後《びんご》福山藩代々の藩主の祈願所として、水野家・阿部家の庇護を受けてきた。その明王院の北側に隣接している稲荷社が、草戸稲荷神社である。

伝承によると、明王院（常福寺）は平城《へいぜい》天皇の御代《みよ》の大同《だいどう》二年（八〇七）、弘法大師《こうぼうだいし》・空海《くうかい》によって開基されたといわれるが、その際、同寺の鎮守として、草戸稲荷神社を斎《いつ》き祀ったのが始まりだという。同社は空海上人《しょうにん》が開創した、地方に数少ない稲荷社として、古くから伏見《ふしみ》稲荷大社・豊川《とよかわ》稲荷と並び称されてきた。

三階建ての朱塗りの社殿。（写真＝福山市観光協会）

社殿は当初、芦田川の中洲に鎮座していたが、たびたび洪水の被害にあい、破損・流失が絶えなかった。それゆえ寛永《かんえい》十年（一六三三）、初代福山藩主・水野勝成《みずのかつなり》が社殿を再建し、承《じょう》応《おう》四年（一六五五）、第五代藩主・勝貞《かつさだ》が父・勝俊《かつとし》の病気平癒《へいゆ》を祈願して、現在の地に社殿を遷座《せんざ》した。現在の社殿は昭和十四年（一九三九）に竣工されたものだが、拝殿裏にそびえ立つ本殿は、昭和末期にコンクリート構造物が構築され、その上に移転している。檜《ひ》皮葺《わだぶき》で鮮やかな朱塗《しゅぬ》りの壮重典雅《そうちょうてんが》な殿舎は、全国でも数少ない断崖造《だんがいづくり》の巨大な三階建てで、福山市街地を一望することができる、まさに空中に浮かぶ楼閣といったところだ。

D A T A

■社格＝旧村社、現在は神社本庁から脱退した単一宗教法人■創建＝大同2年（807）■祭神＝大己貴神・宇加之魂神・保食神■神徳＝商売繁盛・交通安全・五穀豊穣・開運招福・病気平癒・学業成就・安産子宝ほか■祭事＝元旦祭（1月1日）、節分祭（2月3日）、卯之大祭（5月第2土・日曜日）、秋祭（11月23日）など■住所＝広島県福山市草戸町1467

祐徳稲荷神社◆ゆうとくいなり〈佐賀県〉

DATA

■社格＝旧県社・別表神社■創建＝貞享4年(1687)■祭神＝倉稲魂大神・大宮売大神・猿田彦大神■神徳＝商売繁盛・家運繁栄・大漁満足・交通安全・五穀豊穣・病気平癒・厄除開運ほか■祭事＝初午祭(2月初午日)、例大祭(3月初午日)、春季大祭(4月8日)、石壁社春祭(5月10日)、夏祭(8月1日)、石壁社秋祭(9月10日)、秋季大祭(12月8日)など■住所＝佐賀県鹿島市古枝

極彩色の宏壮華麗な九州第一の稲荷社

九州第一の霊験《れいげん》を謳《うた》う祐徳《ゆうとく》稲荷神社は、京都の清水寺《きよみずでら》そっくりの舞台をもつ本殿をはじめ、神楽殿《かぐらでん》、楼門《ろうもん》など総漆塗極彩色《そううるしぬりごくさいしき》の宏壮華麗な偉容から、別名「鎮西日光《ちんぜいにっこう》」とも称される。

寛文《かんぶん》二年(一六六二)、時の左大臣・花山院定好《かざんいんさだよし》(後陽成《ごようぜい》天皇の孫)の娘であった萬子《まんこ》媛《ひめ》は、肥前鹿島《ひぜんかしま》藩主・鍋島直朝《なべしまなおとも》のもとに京都から輿入れした。その際、萬子媛は父公から、京都の花山院邸内に祀《まつ》られた稲荷大神の神霊を遷《うつ》した「神鏡」を授けられていた。この花山院邸内の稲荷神社は、延暦《えんりゃく》十三年(七九四)、花山院冬嗣《ふゆつぐ》が宗像三神を邸内に祀り、のち伏見《ふしみ》稲荷大社の分霊を合祀《ごうし》したものだったという。

宏壮な懸造の本殿。(写真＝田中哲也)

萬子媛は結婚後、二子をもうけるも不幸なことに早世したため、大悟《だいご》するところあって貞享《じょうきょう》四年(一六八七)、あらためて古田村(現在の鹿島市古枝)の静寂な地に殿宇を建立し、かの稲荷大神の分霊を勧請《かんじょう》した。萬子媛はこの地に居を移し、みずから神仏に奉仕すること十九年、宝永《ほうえい》二年(一七〇五)、八十歳にして石壁山腹に「寿蔵」を築き、御家安泰のため千載不抜《せんさいふばつ》の祈願をこめて断食行《だんじきぎょう》を積んだ末、入定《にゅうじょう》を果たした。人々はその徳を畏《おそ》れ敬い、萬子媛の諡号《しごう》「祐徳院《ゆうとくいん》」から「祐徳稲荷神社」と称するようになったのである。

その「寿蔵」が現在の境内社・石壁神社とされ、萬子媛は明治四年(一八七一)、神仏分離政策の際に「萬媛命(祐徳院殿)」の神号が贈られ祀られている。

高橋稲荷神社

◆たかはしいなり〈熊本県〉

初午大祭の「福餅まき」が人気

高橋《たかはし》稲荷神社は、熊本市街地の西方、上代城《かみだいじょう》跡の稲荷山に鎮座する。毎年二月の初午《はつうま》の日に行われる「初午大祭」はことに有名で、神事の「福餅まき」には九州各地から大勢の参拝者が詰めかける。

当社の創建は、土御門《つちみかど》天皇の御代《みよ》の明応《めいおう》五年（一四九六）、隈本《くまもと》城（古城）の初代城主・鹿子木親員《かのこぎちかかず》が、稲荷山の山頂に支城として上代城を築いた際、福徳の神である稲荷大神を、城内鎮護のために勧請《かんじょう》したのが始まりと伝えられる。だが、天文《てんぶん》十年（一五四二）、上代城が兵火にあって落城するにおよび、稲荷神社の社殿も焼失してしまう。

その後、長年にわたり祭礼は廃されていたが、江戸時代に入ると、稲荷山の麓にあった臨済宗《りんざいしゅう》海蔵寺《かいぞうじ》（肥後《ひご》熊本藩代々の藩主の菩提寺）の首座・義本《よしもと》氏が霊夢を見て、これを稲荷神社再興の啓示と悟ったという。「天下泰平、地域住民の福祉のために、御霊徳を仰ぎ奉らん」として、神意に応えようと意を決し、社殿の建立を発願した。こうして寛文《かんぶん》元年（一六六一）、稲荷山の中腹に社殿が再興され、現在の地に遷座《せんざ》したのである。

以来、代々の熊本藩主に篤く崇敬され、とくに細川《ほそかわ》家の時代には祭祀《さいし》が丁重に行われてきた。明治維新の際に、細川韶邦《よしくに》公によって境内地の五万坪が神社所有地として献納された。このとき社名も「高橋稲荷神社」と改められ、当時の海蔵寺の首座・竹内一白が初代神職となって以降、累代が奉仕している。

日本五大稲荷のひとつといわれる高橋稲荷神社。（写真＝熊本市）

DATA

■社格＝別表神社■創建＝明応5年（1496）■祭神＝宇迦之御魂大神■神徳＝商売繁盛・家内安全・五穀豊穣・交通安全・農業繁栄・漁業繁栄・社運隆昌・勝利成就・学業成就・病気平癒・開運厄除ほか■祭事＝初午大祭・福餅まき（2月初午日）など■住所＝熊本県熊本市城山上代町1121

監修

中村　陽（なかむら・あきら）

——1935年、京都府生まれ。伏見稲荷大社名誉宮司。

取材協力・写真提供

伏見稲荷大社／高山稲荷神社／志和稲荷神社／竹駒神社／福島稲荷神社
笠間稲荷神社／東伏見稲荷神社／箭弓稲荷神社／豊川稲荷／豊川茜稲荷神社
玉造稲荷神社／最上稲荷総本山／太皷谷稲成神社
ほか、全国の稲荷神社市神神社
英倫寺／大阪市立美術館／大分県立歴史博物館／大本山 教王護国寺
京都府立総合資料館／海津市商工観光課／熊本市観光政策課
国際日本文化研究センター／資生堂／有限会社 丹嘉／能満院／琵琶湖文化館
福山市観光協会／船橋市教育委員会文化課／やよい文庫／吉水神社／蓮花寺
河村英樹／田中哲也／外所利雄／新田義人ほか（以上、敬称略・順不同）

取材・執筆・編集制作

少年社（本田不二雄）
細江優子、西智恵美

アート・ディレクション

堀　立明

イチから知りたい日本の神さま——2

稲荷大神いなりおおかみ

初版初刷発行　平成21年11月10日
初版４刷発行　令和６年１月10日

監　修　中村　陽
発行者　伊藤光祥
発行所　戎光祥出版株式会社
〒102-0083 東京都千代田区麹町1-7　相互半蔵門ビル8階
電話　03-5275-3361
FAX　03-5275-3365
info@ebisukosyo.co.jp

印刷・製本所　株式会社シナノパブリッシングプレス

ISBN978-4-86403-003-8